出雲大社

目次

出雲を深く知る

第二章 出雲の神々をめぐる

出雲の神話と神様

八雲立つ
出雲八重垣　妻籠みに
八重垣作る　その八重垣を

【現代語訳】雲が何重にも立ちのぼる——

雲が湧き出るという名の出雲の国に、八重垣を巡らすように、雲が立ちのぼる。妻を籠らすために、私は宮殿に何重もの垣を作ったけれど、ちょうどその八重垣を巡らしたようになあ。

須佐之男命が八俣大蛇を退治し、助けた櫛名田比売（くしなだひめ）との新居の宮を造られる前に詠まれた日本最初の和歌。歌が出雲の地名の由来と伝えられている。

出雲大社とは

文／辰宮太一

縁を「結ぶ」というより「広げる」。
絶大なる和合の徳と政治力を持つ、
大いなる国家の主

大きな注連縄《しめなわ》が架けられた拝殿《はいでん》、その背後に高さ二十四メートルの威容を誇る御本殿《ごほんでん》がある。太い注連縄も、豊かな社殿の造りも、雄大という表現がもっともしっくりくる。御本殿は瑞垣《みずがき》内にあり、直接全容を拝むことはできないが、外からでも充分な偉大さがうかがえる。背後には神奈備山《かんなびやま》である八雲山《やくもやま》がそびえる。

出雲大社は、「いづもたいしゃ」と読まれ

注連縄は神域と一般世界を隔てる結界。出雲大社の注連縄はひと際大きい

ることが多いが、正式には「いづもおおやしろ」と読む。

なんと大きな御本殿。今の御本殿でも充分に大きいのだが、古代の神殿は高さ四十八メートルもあったというから想像を絶する。現代のビルでいえばだいたい十五階ほどの高さである。古代の建築技術に脱帽する他はないだろう。

出雲大社の参拝作法は、一般の神社とは違い、二拝四拍手一拝である。宇佐《うさ》神宮など、他にも同じような作法の神社はあるが、なぜ四回手を打つのかという理由は明らかになっていない。四が東西南北や四季に通じるとか、二拍手を二度打つなど諸説あるが、その理由を考えるより、神様に心を向けてお参りすることが大切なことだろう。

御本殿内部の神様の配置も、一般の神社とは違っている。御祭神の大國主大神《おおくにぬしのおおかみ》は、正面を向いていないのだ。御本殿向かって右側、つまり東側に、西を向いて坐していらっしゃる。この配置もまた、出雲大社の謎のひとつと言われている。

御本殿の周囲を一周すると、ちょうど真西にあたる場所に、目立たない参拝の場（御神座《ごしんざ》正面参拝所）がある。出雲参拝の通は、この場所から御祭神の正面に立って祈りを込めるというわけだ。

さて、御本殿の前で祈る我々からみて、正確に直線ではないのだが、御本殿の後方には素鵞社《そがのやしろ》というお社が建っている。こちらもぜひ参拝するといい。御祭神は、大國主大神のご先祖にあたる素戔嗚尊《すさのおのみこと》。その後方には神奈備山として八雲山がそびえている。

神奈備山とはいわば、神々が降臨する場とも言えるお山。御本殿だけでなく、八雲山にも心を向ける参拝が理想的だ。素鵞社の後ろに岩があるが、人によっては手をかざすとビリビリと気を感じるかも知れない。

結びの意味

昔から、出雲と言えば縁結びである。恋愛や結婚の祈願をする人が後を絶たない。出雲大社の御祭神、大國主大神は、神話では素戔嗚尊の子孫といわれ、素戔嗚尊の娘神である須世理毘売《すせりびめ》を妻とする。その後、多くの姫神との間に子をもうけ、なんと百八十一柱の御子神をもうけたという神様である。とてつもなくおもてになった神様なのだ。このあたりに、出雲イコール縁結びという図式ができたわけがあるのだろう。

もうひとつの説も有力だ。太陽の姿から結びにつなげる説である。

茨城に鹿島神宮があるが、鹿島のある地域はかつて常陸国《ひたちのくに》と呼ばれた。「ひたち」とはつまり、「日が大地から立つ」という意味で、太平洋を輝かせ太陽が昇ってくる「場」を指

御本殿の前に建つ、重厚な楼門。祭典の際、巫女による舞が奉納される

御本殿の背後にそびえる八雲山は、今も禁足地として大切に守られている

している。それを受け、出産に関連して日立ち帯を身につける。

出雲はその逆で、太陽が地平線に到着するというエナジーを持つ。太陽と大地を結ぶ力が、縁結びに通じると考える。

東洋思想では、東西南北にはそれぞれに意味があるとする。じつは、西のカテゴリーの中には、結婚や家庭も含まれる。まさに天地という異世界が結びつく働き、結びの働きが西方にはあるのだ。

日御碕《ひのみさき》神社に太陽の神である天照大御神が祀られているが、そのお宮の名が日沈宮《ひしずみのみや》という。美しい夕日の輝きが日本海を照らす姿を神格化したとも言われるが、もしかすると、本当の「結び」を願うなら、日御碕神社にも参拝すべきなのかも知れない。

出雲大社の御神徳

出雲大社では日々古式に則った祭祀が行われ、敬虔な祈りが込められる

私は、出雲大社の御神徳は、結びよりむしろ、出会いと和合にあると思っている。縁結びと言うが、そもそも結びの前に出会いがなければ、何も起きようがない。大國主大神が出会い結ばれた姫神たちの多さを見れば、ゼロからでも出会わせてくれる頼もしさを感じられるはずだ。

そして、その和のパワーをもっとも活かせる運と言えば、仕事運や出世運なのである。だから恋愛したいという方々より、良い仕事をしたいと熱望する人々に参拝を勧めてきた。

仕事とは、究極を言えば人間関係である。仕事運を良くしたければ、内にいい人材を持ち、外にいい人脈を作り、それらの人々と、きちんとした信頼関係を築くことである。

大國主大神は、絶大なる和合の徳と政治力を持つ。その御名は大いなる国家の主という意味なのだろうから、いわば国王であり大統領と言える。その御神徳は、島根出身の大政

瑞垣に守られた御本殿。「平成の大遷宮」の御修造により大國主大神のお住まいが甦った

治家を見れば自ずとわかるだろう。

第二十五・二十八代の内閣総理大臣、若槻禮次郎や第七十四代の竹下登をはじめ、衆議院議長や内閣官房長官などを経験した大政治家が顔を揃えている。これも、出雲大社の御神徳に他ならない。

神話を読めば、多くの神々との神脈を持ち、和と駆け引きの中で、大事業を為し遂げた神である。とにかく交渉が上手い神であったのだろう。相手をまず立て、自分を謙虚にすることで、本当に必要な願望を成就させる神なのだ。特に、天孫《てんそん》への国譲りの場面では、無用な戦いを選択せず「自分は引退するから、大きな宮殿を建ててほしい」ときちんと意志を通している。

欲するならまず与えよ、それを実にスマートに実践させてくれるのが、出雲の神なのである。

出雲大社に参拝し、心からの開運を願うと、

お祭りの参進風景。心身を清めた神職たちが揃いの白装束姿で御本殿に向かう

性格が変わってしまうほどの御神徳を授かる人も多い。まず、気持ちからトゲトゲしたものが消えていく。他人をうらやむ心、意地の悪さや我の強さ、他人を否定したがる性質などがなくなっていくのである。

円満な性格は、人に安心感を与える。もちろん、安心感をくれる人の方がだんぜん人気がでるだろう。そんな人には仕事でも恋愛でもチャンスが来やすくなるし、家庭内も円満になっていくものである。

参拝の心得

出雲に行き、大社の前に立ち、神に祈りを捧げるなら、少しでも大きく祈ることだ。個人の願いをするのもいいのだが、出雲の神は大きな神だ。大きな神には大きく祈るのがツボなのである。

大國主大神の「国」を「集団」と解釈すれ

ば、最小の集団とは夫婦であり家庭だろう。そして所属している会社や学校、趣味のサークルなどもあり、また地域という集団がある。市区町村、都道府県、そして国。そういった集団の中で、私たちは生きているのだ。

大國主大神に祈るなら、「私のいる集団の運を良くしてください。皆が幸せに、進歩向上できますように」などと祈るのがいいと思う。イメージとして、あなたの暮らす地域、勤めている会社などを思うといいのではないだろうか。

自分の幸せを祈りたいという人もいるだろうが、心配は無用。なぜなら、あなたはその集団の一員なのだから。そこの幸せを祈ることは、そのままあなたの幸せを祈ることなのである。

そして、あなた自身が、その集団全体の幸せと進化のために、少しでも役立つよう、日々に努力をすれば完璧。そうしてこそ、神のパワーはあなたに降りそそぐのだ。

八百万（やおよろず）の神が集うご神域に幻想的な雲がわき立つ

参拝する前に知っておきたい

出雲大社 ⛩ 基礎知識

出雲大社の歴史は古く、神代の頃にまで遡る。より強いムスビの力を授かるためにも御祭神や成り立ち、お祭り、参拝の作法など、基本的なことを知っておこう。

正式な読み方は「いづもおおやしろ」

一般的には「いづもたいしゃ」と呼ばれているが、正式には「いづもおおやしろ」という。その歴史は古く、日本最古の歴史書『古事記』には大國主大神の国譲りの功績を称えて造営されたのが「天日隅宮《あめのひすみのみや》」だと記され、これが出雲大社のはじまりである。出雲地方の杵築《きづき》の地にあることから明治初期までは「杵築大社《きづきのおおやしろ》」と呼ばれていた。

参拝は、二拝四拍手一拝で

出雲大社の参拝法は、二拝四拍手一拝。「拝」は頭を下げて深くお辞儀をすることで、拍手は両手を打ち合わせること。境内や境内外の摂社・末社もすべて同じ参拝の仕方となる。また、観光ではなく参拝を目的にして行く場合は、きちんとした服装で出かけたいもの。ご祈祷をあげる場合は、神様に失礼のない服装でのぞみたい。

八百万の神々が集う、出雲の「神在月《かみありつき》」

旧暦の十月十日、全国の神々は出雲に集まる。一般的には「神無月《かんなづき》」と呼ぶ十月が、出雲では「神在（有）月」と呼ばれるのはそのため。国譲りの舞台となった稲佐の浜から上陸された神々は、さまざまな縁について神議《かむはかり》をされる。出雲の人々は神々の会議の邪魔にならないよう静かに過ごすため、この期間は「お忌《い》みさん」とも呼ばれる。

縁結びの神様「大國主大神《おおくにぬしのおおかみ》」

大國主大神は、大己貴命《おおなむちのみこと》、八千矛神《やちほこのかみ》、葦《あし》原醜男神《はらのしこおかみ》といくつもの別名を持つ神様。国土開拓、農耕・漁業、医療など、御神徳は幅広いが、多くの女神と結ばれ、たくさんの子を成した事から、縁結びの神として有名だ。だが、その「縁」とは男女の結びつきだけではなく、幅広い縁に御利益がある。

出雲國造《いづもこくそう》によって奉仕される恒例祭典

出雲大社には年間多くの恒例祭典があるが、すべて出雲國造（宮司）が奉仕する。現在の宮司は第八十四代目。その祖先は、天照大御神の御子で大國主大神に仕えることを命じられた天穂日命《あめのほひのみこと》とされている。国譲りの際、大國主大神と天照大御神の間で交わされた大切な約束によるもので、子孫は連綿として國造を世襲している。

古代出雲神話が実証された大発見

御本殿前、八足門《やつあしもん》の階段の下に大きな赤い円が描かれている。平成十二年、この場所から三本の柱を金輪でくくった直径三メートルの巨大な柱が発見され、古代の壮大な御本殿の姿が明らかになった。「天下無双の大廈《たいか》」と称えられた神殿のスケールの大きさを実感できる、貴重な存在だ。

御修造により甦る大社の御遷宮とは？

出雲大社の遷宮は、御修造により御本殿を新たにし、御神体をお遷しする。国宝である現在の御本殿は延享元年（一七四四）の造営で、その後、文化六年、明治十四年、昭和二十八年（一九五三）と御修造が行われた。そして、六十年ぶりの御修造「平成の大遷宮」が平成二十五年（二〇一三）に行われ、大國主大神のお住まいが甦った。

第一章

大社宮域を歩く

勢溜《せいだまり》の大鳥居

古くは芝居小屋があり、人々の勢いが溜まるところから勢溜と呼ばれた

「天の下造らしし大神」の神殿

出雲大社《いづもおおやしろ》

御祭神

大國主大神（おおくにぬしのおおかみ）

鳥居の向こうは神の空間だ。宇迦橋たもとの大鳥居をくぐった瞬間から、もう神の領域に入っている。

神門通りをぬけると、ほどなく二つ目の大きな鳥居が目に入る。大社の玄関とも言える、勢《せい》溜《だまり》の鳥居。かつてここには、大きな芝居小屋があったという。そのため、多くの人が集まる場で、人の勢いが集い溜まるところという意味で、この名がついたのだとか。

鳥居をくぐれば参道だ。早春に参れば椿が美しい。道は下っている。神社や仏閣で、下り参道は希である。普通、御本殿は周囲より高いところにあるもので、登りが多いのだ。

右手に祓社《はらえのやしろ》がある。祀られている神々は、祓戸四神。私たちが知らぬ間に犯している罪や、知らぬ間にまとってしまった穢れを、きれいに祓い清めてくださる神々である。

参道は産道に通じる。御本殿の神へと向かう産みの道。すべての罪穢れを祓い清め、胎児の

出雲大社の参道は、全国的にも珍しい下り参道である

大注連縄《おおしめなわ》

拝殿と神楽殿に張られている大注連縄は、いずれも他の神社とは正反対の張り方だ

祓社《はらえのやしろ》

下り参道を進むと間もなくして右手に見える小さなお社。境内へ向かう前に参拝を

如く無邪気なあなたに立ち戻り、神の元に向かうのである。

だから、できれば、祓社の神々に感謝して「祓いたまえ、浄めたまえ」と祈りを捧げてから進むといい。この神々が祀られているお陰で、御本殿の前で、清々しく祈ることができる。

素鵞《そが》川にかかる祓橋《はらえのはし》を通ると神域の中枢に入る。

ところで、御本殿をはじめとする社殿のある神域は、清い川の流れに囲まれている。

水は生気、つまり生命力を表すエナジーで、清い流れに囲われている場所というのは、生気に満ちた場なのだ。戦国武将の築いた城も、堀に囲まれることが多いが、敵を除けるためだけではなく、生気を維持するために堀は築かれている。

神社のそばを流れる川は、龍神の住処ということも少なくない。龍とは想像上の神だろうが、

八雲山から流れる清流・素鵞川（そががわ）にかかる祓橋を渡り松並木の参道へ

水の生気が化身した存在と捉えればそのパワーをイメージすることができよう。

祓橋を越えると、三つ目の鉄製の鳥居があり、それをくぐると立派な松並木がつづく。この松は一六三〇年ごろ松江藩主、堀尾忠氏の奥方が奉納したと伝えられる。

ここから参道は真ん中と左右に道が分かれることになる。以前は、中央の道は、皇族や大名などしか通ることを許されなかったという。

松の参道を抜ければ、左右に大國主大神の像が見える。

手水舎《てみずしゃ》で手と口を浄め、最後

八足門《やつあしもん》

重厚な構えの八足門。門の階段下にある赤い丸い円は古代神殿の柱跡だ

の鳥居をくぐろう。この鳥居は長州藩主の毛利綱広の寄進。銅製なのだが、銅鳥居としては我が国最古という。

銅鳥居を一礼してくぐると、いよいよ大きな注連縄《しめなわ》の拝殿《はいでん》に迎えられる。御祈祷《ごきとう》が行われる社殿で、檜《ひのき》造りの建物は、大社造りと切妻《きりづま》造りの折衷《せっちゅう》様式。二拝四拍手一拝でお参りしよう。拝殿の背後には大國主大神を祀る御本殿がある。拝殿参拝後は、右手に周り、御本殿正面に当たる八足門《やつあしもん》で再度参拝を。通常の参拝ではここより内側は入ることはできない。

参道を少し外れると、池や原っぱがあったり、自然と戯れることもできる。参拝の帰りに、鳥たちの囀りに耳をかたむけ、緑や花々に心を遊ばせてみよう。蝶やトンボなども多く、ホッとできる空間が広がっている。神々の元で懸命に生きる彼らと接するのもまた、いい参拝のあり方なのだろう。

出雲大社の御神紋 二重亀甲剣花菱《にじゅうきっこうけんはなびし》の由来

御神紋の「亀甲」は神意を知るべく神聖な意味をもち、「剣花菱」は出雲國造が祭事に着用する装束の紋とされる。その紋所は、亀甲形の内に八稜を形成するように剣花菱を放射状に配し、三種の神器（剣・鏡・玉）をあらわし、神霊が宿る神籬（ひもろぎ）を意味するものといわれている。ちなみに、近世初期以前には、二重亀甲の内に、神の常在を意味する「有」字を組み入れたご紋もあったそうだ。その由来は、とくに出雲においては、「神有月」との関係が説かれ、十月の「十」と「月」を組み合わせると「有」になるところにあるという。

銅鳥居ごしに見る、大きな注連縄の拝殿。その奥に御本殿の御屋根が見える

境内の東側・釜社（かまのやしろ）から拝む御本殿

八雲山の麓に鎮まる御本殿。大社造りと呼ばれる日本最古の建築様式

国譲りの功績を称えて築かれた巨大神殿

銅の鳥居をくぐると、大きな注連縄《しめなわ》が張られた拝殿《はいでん》の背後に、八雲山《やくもやま》の緑に抱かれるように御本殿が鎮座している。天空を刺すようにそそり立つ千木《ちぎ》。圧倒的な存在感だ。

大國主大神が高天原の天照大御神に国を譲る際、その功績を称えて造営された天日隅宮《あめのひすみのみや》が出雲大社の始まりとされ、創建当初から極めて広大かつ豪壮な建物だったという。大社の「大」とは、その雲に入るばかりの壮大な社殿に由来するのだろう。

現在の建物は延享の御造営（一七四四）の際に建立されたもの。高さ約二十四メートル。千木は七メートル八十センチもある。国譲り神話に描かれた壮大さを今に伝えている。

御本殿は「大社造り」と呼ば

御本殿《ごほんでん》（国宝）

神代の時代から鎮座する大社殿

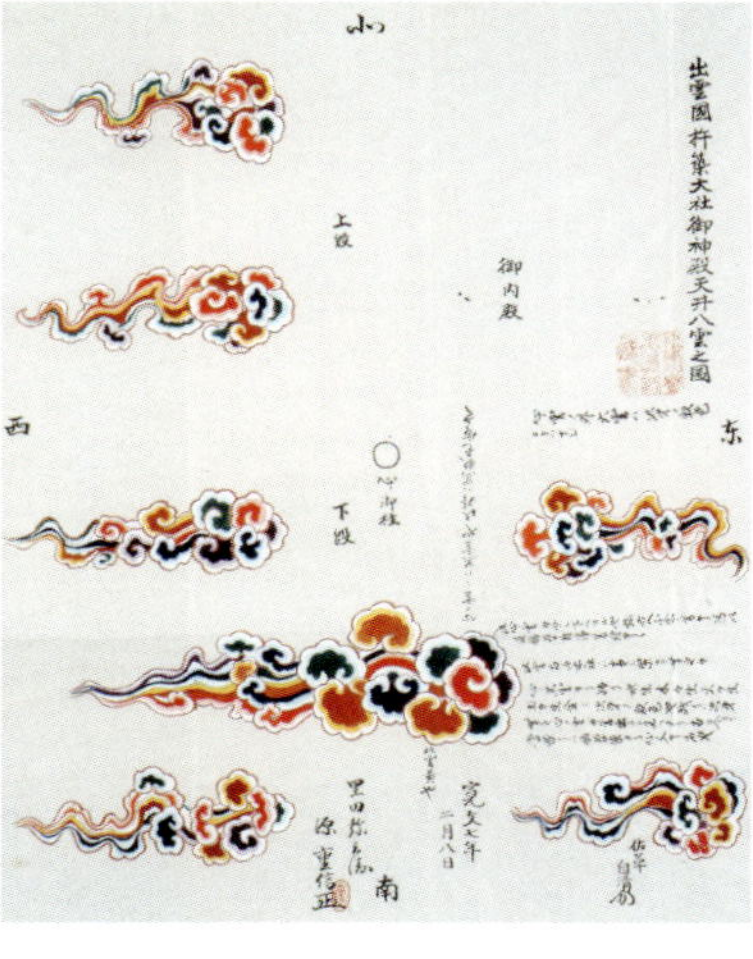

八雲の図

御本殿天井に描かれた赤、青、黄、紫、黒などの極彩色を使った七つの雲。「八雲」といいながら七つしか雲がないのは、大国主大神の御威光が未来に続く意味が込められているという説がある

れる日本最古の神社建築様式。神殿内部は九本の柱によって四つの部屋に区切られ、殿内の中央には直径約一メートルの「心《しんの》御柱《みはしら》」がある。これがいわゆる「大黒柱」だ。内部は畳敷きで、天井には雲の絵が描かれている。

主祭神の大國主大神は大己貴《おおなむちの》命《みこと》、八千矛神《やちほこのかみ》、葦原色許男神《あしはらしこをのかみ》など多くの別名を持つ。

「いづもおおやしろ」の名にふさわしい、壮大な御本殿。大國主大神のお住まいだ

入母屋造り、檜皮葺きの重厚かつ壮麗な楼門。御本殿の南、前面に位置し、もっとも神聖な場所を守る。江戸時代前期の建築ともいわれる

大國主大神は、国造りの神、農業、商業、医療の神として崇められている。また、人間の目に見えない世界を司る神ということから即ち、人々のご縁を結ぶ神としても親しまれている。

御本殿への参拝は瑞垣内へ通じる扉・八足門《やつあしもん》前で、二拝四拍手一拝で行う。

八足門の階段の下にある大きな赤い丸い円は、平成十二年に発掘された古代神殿の柱跡。中古の出雲大社が現実のものとなった一大発見だった。そのスケールの大きさからも、パワーの強さが感じられるだろう。

大社境内配置図

大國主大神は御本殿のなかでは西を向いて鎮座されている。諸説ささやかれているが、神在祭で八百万の神々が参集する稲佐の浜を向いているという説もある

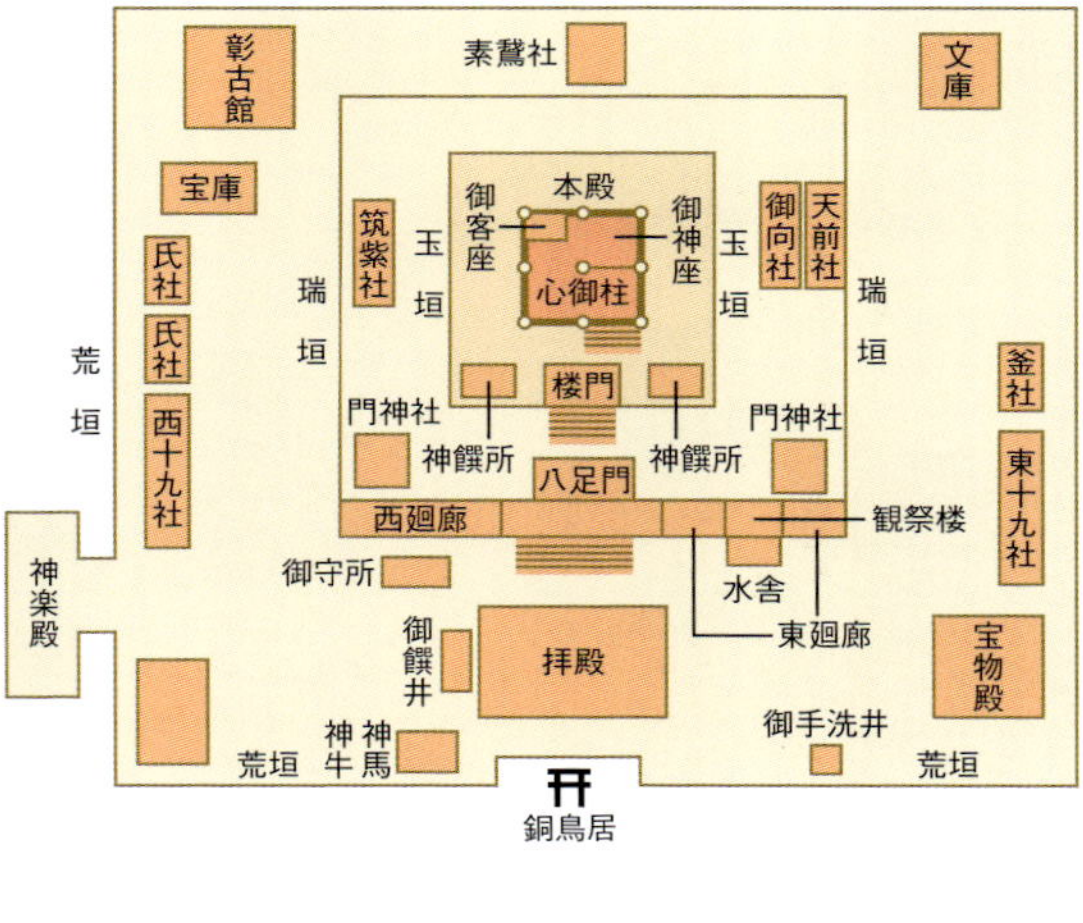

瑞垣《みずがき》内のお社

境内には摂社《せっしゃ》八社・末社《まっしゃ》三社がある。祀られているのは、大國主大神と縁の深い神々。御本殿のある瑞垣内は一般の立ち入りはできないが、四社の摂社が祀られている。

瑞垣内東側には大國主大神のお妃、須勢理毘売命を祀る御向社（左）、大神を助けた二柱の女神を祀る天前社が立ち並ぶ

御本殿東側に鎮座

御向社《みむかいのやしろ》（摂社）

素戔嗚尊の娘で大國主大神の正妻である須勢理毘売命（すせりびめのみこと）を祀る。自分の父より試練を与えられる大國主大神を助け、共に国造りをした女神様としても知られる。

大國主大神を救われた神

天前社《あまさきのやしろ》（摂社）

大國主大神が兄神たちからの災難に遭い大火傷をおったとき、治療と看護に尽くした二柱の女神様、蚶貝比売命（きさがいひめのみこと）と蛤貝比売命（うむがいひめのみこと）を祀る。

御本殿の門番の神様

門神社《みかどじんじゃ》（摂社）東西二宇

御本殿の前、東西に相対する二社のお社。東に宇治神、西に久多美神（くたみのかみ）を祀る。御本殿の門番の役として御垣内（みかきうち）に災禍・穢れが入らないように守っている。

御本殿西側に鎮座

筑紫社《つくしのやしろ》（摂社）

天照大御神と素戔嗚尊が誓約をしたときに生まれた神様・多紀理比売命（たぎりひめのみこと）が祀られている。お社の名は福岡県の宗像大社に祀られている神様であることに由来する。

御本殿の西側に鎮座する筑紫社。宗像三女神の第一の女神を祀る

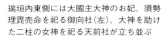

天照大御神の弟神の素戔嗚尊を祀る、強い神気の感じられる社

大國主大神の親神、素戔嗚尊を祀る社

素鵞社《そがのやしろ》（摂社）

御祭神

素戔嗚尊（すさのおのみこと）

御本殿の背後、うっそうとした緑の中に鎮まる素鵞社は、『出雲国風土記』に「出雲社」の名で記載された古社。地元では「素鵞《そが》さん」と親しまれている。御本殿参拝の後、こちらをお参りするという人も多い。

御祭神の素戔嗚尊は「八俣大蛇《やまたのおろち》退治」で有名な神様で、大國主大神の親神とされる。鎌倉時代から江戸時代初期までは出雲大社の御祭神であったが、寛文の御造営（一六六七年）に御本殿から現在の場所に遷座された。八雲山の麓、御本殿よりも一段高いところに鎮座し、息子、大國主大神を見守っているとも、監視しているともいわれるが真偽はわからない。

社の裏手、床下には稲佐の浜の霊砂が敷かれている。参拝後に持ち帰り、土地や家の清めや厄除とする信仰がある

境内の摂社《せっしゃ》・末社《まっしゃ》

玉垣《たまがき》内に鎮座する御本殿を中心に、瑞垣《みずがき》、荒垣《あらがき》がめぐらされている。瑞垣より外側にある摂社、末社は、一般のお参りが可能だ。

神在祭期間の神々の宿舎

十九社《じゅうくしゃ》

（末社）東西二宇

荒垣内で御本殿の東西に相対する社。神在祭（かみありさい）の期間中、全国の神々はここに宿泊される。東西とも19の扉があり、滞在中の7日間はすべての扉が開かれる。十九社の創建は寛文（1661－1672）の時代、それ以前は三十八社という神屋であったと伝えられている。

食物を司る神様

釜社《かまのやしろ》

（末社）

御祭神は素戔嗚尊の御子神で宇迦之御魂神（うかのみたまのかみ）。食物を司る神で、11月23日夜の古伝新嘗祭（こでんしんじょうさい）の終段では、御神体を拝殿に遷しての「御釜の神事」が行われる。

本殿の西側に二社

氏社《うじのやしろ》

（摂社）南北二宇

北側には天照大御神の第二子であり、出雲國造（宮司）の祖先神である天穂日命（あめのほひのみこと）、南側には天穂日命の子孫17代目の宮向宿彌（みやむきのすくね）が祀られている。

相撲の祖と崇められる

野見宿禰《のみのすくね》神社《じんじゃ》

（摂社）

写真提供／出雲大社

野見宿禰とは13代出雲國造。垂仁天皇の御代、当麻蹶速（たいまのけはや）という天下一の力人を御前相撲で打ち負かしたことから、相撲の祖と伝えられ、相撲やスポーツを志す人に信仰されている。

御神体の正面はこちら

御神座《ごしんざ》正面参拝所

大國主大神は御本殿の中で西向き、すなわち御本殿正面からは横向きに鎮座されている。御神体の正面から参拝したい人は、御本殿正面で参拝した後、こちらで再度拝礼をするとよい。

神楽殿は境内・西の門を出て素鵞川（そがかわ）を渡ったところに立つ

日本最大級の大注連縄が張られた社殿

神楽殿《かぐらでん》

出雲大社を象徴するのが、神楽殿の大きな注連縄。長さ大きさともに拝殿の注連縄の約二倍もある。まずその巨大さに目を奪われるが、もうひとつ注目すべきはその張りかたにある。綯始《ないはじめ》が左で、綯終《ないおわり》が右。つまり一般の神社とは張りかたが逆なのだ。理由については諸説あるが、このような巨大なものを造りあげた古代出雲大社に思いを馳せるのもいいだろう。

注連縄は神域と一般世界を隔てる神聖なもの。注連縄にお金を投げ入れる参拝客も多く見かけるが、これは失礼にあたるので控えたい。

神楽殿では、日々信教徒たちの「おくにがえり」の祭典や、参拝者のご祈祷や結婚式が行われている。また、神迎祭や福神祭等のお祭りの他、さまざまな奉納行事もここで執り行われている。

神楽殿大広間は二百七十畳もある。神迎祭もここで執り行われる

なにもかもがビッグ
大國主大神を祀るお社の「日本一」を見る

高さ47mの日本一の国旗掲揚塔。古代神殿の巨大さをイメージさせてくれる、出雲大社のシンボルである

長さ13m、太さ8m、重さにして4.5トン。日本一大きな注連縄

高さ23m。日本一には届かないが、迫力ある宇迦橋の大鳥居

その昔、出雲大社は並ぶもののない壮大さから「天下無双之大廈（てんかむそうのたいか）」と評されていた。地面から屋根の棟にのる千木の上端までの高さは、上古では約九十六メートル、中古は約四十八メートル、低くなったとはいえ現在の社殿も高さ約二十四メートルあり、神社建築のなかでは日本一の大きさだ。

宇迦橋にかかる第一の鳥居もビッグで高さは二十三メートル、中央の額は畳六畳分もある。

神楽殿前に立つ国旗掲揚塔も巨大だ。高さは四十七メートルと日本一。中古の社殿にほぼ匹敵する高さだ。そこに揚げられる国旗の大きさは畳七十五枚分もある。通常は朝に掲揚され夕方に奉降されるが、悪天候時には行われないこともある。

それから、馴染み深い出雲大社の日本一といえば神楽殿の大注連縄だろう。巨大な注連縄は「国引き神話」の出雲を象徴するかのようだ。

銅像で見る大國主大神

ムスビの御神像

大國主大神がまだ若く修行中だったとき、日本海の荒波の向こうから「幸魂奇魂（さきみたまくしみたま）」という魂が現れ、「ムスビの大神」になられたシーンを表している。昭和61年に寄進されたもので、御神像は鋳物でできている。銅の鳥居手前、右手にある。

「因幡の白兎」を象徴

御慈愛の御神像

銅の鳥居手前、左手にある御神像。大國主大神が登場する神話のなかでも最も有名な「因幡の白兎」を表現しており、袋を背負った大國主大神が傷ついたうさぎに手を差し伸べている。袋の中身は私達の苦難や悩みで、身代りになって背負っていらっしゃるともいわれている。

出雲國造のお住まい

千家《せんげ》國造《こくそう》館

神楽殿を南に出てすぐ右にある、出雲國造（宮司）のお住まい。門には大きな注連縄がかけられている。始祖は天穂日命（あめのほひのみこと）で天照大御神の第二の御子。現在の出雲國造は第84代目になられる。

写真提供／板垣宏

現存する最も古い建造物

北島國造家《こくそうけ》四脚門《しきゃくもん》

宝物殿の北側を東に抜けて吉野川を渡ると、出雲大社関係の現存建造物で最も古いとされている「北島國造家四脚門」がある（県文化財）。社家通りまで出ると、出雲大社に奉仕した神官の屋敷様式が残っている。

政治家に転身した第80代宮司

千家《せんげ》尊福《たかとみ》公の像

出雲大社第80代（明治時代）の宮司の銅像。宮司職を退いてからは埼玉、静岡、東京の知事、司法大臣までも務めた人物。詩人・歌人としても有名で「年の初めの～」で始まる唱歌「一月一日」も尊福公が作詞したもの。

神様の乗り物

神馬《しんめ》・神牛《しんぎゅう》

銅鳥居横の「神馬」は、寛文7年（1667）、防長二州（山口県）の藩主・毛利綱廣公の寄進によるもので、京都の名人 名越弥七郎が製作にあたった。神馬は「かねうまさん」とも呼ばれ、子宝・安産のご利益があると言われている。

鎮守の杜からいただく聖なる癒し

神社の多くは「鎮守の杜」と呼ばれる自然豊かな「杜」に囲まれ、神聖な場所として大切に守られている。出雲大社の場合もしかり。周辺には人の立ち入ることもまれな豊かな自然が多く残り、野鳥たちの憩いの場となっている。

実は、出雲大社は知る人ぞ知る、野鳥の宝庫で、これまでに90種類もの野鳥が観察されているという。神苑の草地ではセキレイやツグミ、浄の池ではカワセミ、そして勢溜の鳥居近くではヤマガラやコゲラなどのガラ類の鳥たちが参拝者を迎えてくれる。出雲大社を訪れたなら、ただ参拝して帰るのではなく、美しい鳥たちの囀りにも耳を傾けてみよう。美しい鳥の声は、きっと心を潤してくれるはずだから。

エナガ

ハチジョウツグミ

トラツグミ

オオルリ

エゾビタキ

コゲラ

シロハラ

写真提供／千家尊祐、千家礼子、千家国麿

参拝の作法

〈 お手水の作法 〉

御神前で参拝する前に、お手水によって俗界のけがれを落とします。
いわゆる「禊《みそ》ぎ」に通じることで、清浄な水で心身を清めます。

1 左手を清める

まず、備えられている柄杓を右手にとって水を汲み、左手にその水を注ぎ、洗い清めます。

2 右手を清める

柄杓を左手に持ち替えて、右手に注いで手を洗い清めます。

3 口をすすぐ

両手を洗い清めたら、柄杓を右手に持ち替え、左の手のひらにひと口分の水を受け、口をすすぎます。柄杓に直接口を付けないように注意。

4 柄杓を洗い清める

水をもう一度左手に流します。次の人のことを考え、最後に柄杓を立てて残った水で柄の部分を洗い清めます。

5 柄杓を元通りに

最後に柄杓を元の位置にきちんと伏せて戻します。

〈 二拝四拍手一拝の作法 〉

頭を深く下げておじぎするのが「拝」。両手を打ち合わせるのが「拍手」。
神社の拝礼は二拝二拍手一拝が基本ですが、出雲大社では二拍手のところ四拍手とします。
御神前が混雑しているときや、お祈りを長くしたいときは、中心に立ち続けず、
二拝四拍手一拝をして、端によってからお祈りしましょう。

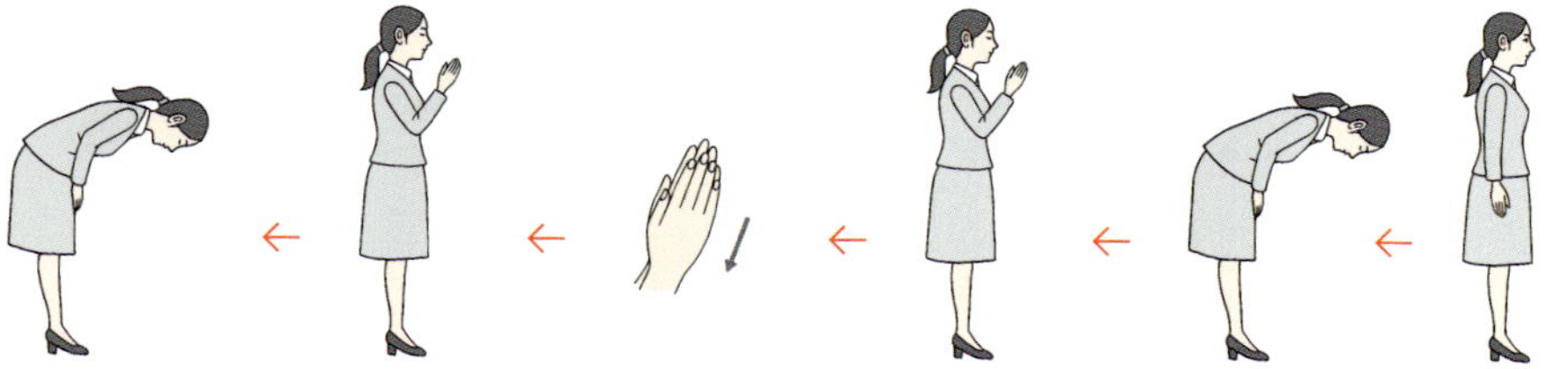

1 御神前に立つ

御神前にまっすぐに立ち、心を落ち着かせてから前に進みます。

2 「拝」を二回

背筋を伸ばしたまま、九十度に腰を折って二回おじぎをします。

3 手のひらを合わせる

「拝」を済ませたら、両手を胸の高さまで上げて手のひらを合わせます。

4 右手を下にずらし、「四拍手」

右手を少し下にずらし、四回、手を打ち合わせます。左手指股に右手指先をあてると、いい音が出ます。

5 手を合わせる

四拍手を終えたら、右手を元に戻し、手を合わせたまま指先を整えて静かに祈ります。

6 最後に「一拝」

最後にもう一度九十度に腰を折り、一回おじぎをします。以上で拝礼は終了。静かに御神前を離れます。

ご祈祷

〈 古来の形式でご祈願を 〉

せっかくお参りするならば、ご祈祷をあげて、
より強い神様のお力を授かりましょう。

拝殿前で手を合わせるだけのお参りは「略式参拝」といって、日常の事を感謝したりお陰を願うもの。一方「ご祈祷《きとう》」は、神主が祝詞という古来の形式で祈願内容を神様にとりついでくださるものです。

ご祈祷の種類は、「家内安全」「良縁祈願」「学業成就」「厄除け」などさまざま。強くお願いしたい事がある時以外も、人生の節目節目に訪れて、ご祈祷をあげていただくのもいいでしょう。

ご祈祷の後は、御本殿のある瑞垣《みずがき》内に案内され、楼門の前での参拝が許されます。

祈願のこめられたお札やおさがり（神饌《しんせん》）をいただくと、神様にお願いを聞いていただけたという安心感でみたされるでしょう。申込みは朝の八時半から。日の出とともにお参りし、朝一番に申し込むのも清々しいものです。

ご祈祷 Q&A

Q ご祈祷の手続きは？

A 個人のご祈祷は拝殿で行われます。ご祈祷料（玉串料）は五千円、八千円、一万円以上。金額は自分の願いの重さと相談して決めましょう。

Q お願い事の伝え方は？

A 受付時に住所、氏名、祈願内容を記入。書き記した内容を、神主が祝詞で大國主大神にお伝えする。ご祈祷は郵送でも受付可。

Q 所要時間は？

A ご祈祷からお参りまでの所要時間の目安は三十～四十分程度。ただし、受付後、準備が整うまで待つこともあるので、時間には余裕を持って。

おすすめ参拝コース

小高くなった勢溜の鳥居から下り参道を進み、松並木を通り抜け御本殿へ。
心静かに参拝したあとは、日本一の注連縄が張られている神楽殿や
宝物殿で大社の宝物を拝観するのもおすすめ。
ゆっくり参拝するには、1時間ほど時間をみておきましょう。
ご祈祷を受けるにはさらに約40分必要です。

勢溜《せいだまり》の鳥居

境内南端にある正門鳥居。出雲大社の駐車場に車を止めた場合は少し戻ることになるが、ここが正門。

←

祓社《はらえのやしろ》

心身を祓い清めてくれる四柱の神々が祀られている。参道を進む前にお参りして、神様に心身を清めてもらおう。

←

松並木の参道

祓社の先に二つめの鳥居があり、その先には神秘的な雰囲気が漂う松並木の参道が。中央は通らず参道の両端を歩こう。

←

手水舎《てみずしゃ》

御神前に進む前に両手と口を浄めることを忘れずに。口をすすぐ際は、手のひらに受けた水ですすぐ。

←

銅鳥居

大社四番目の鳥居で境内中心部への入り口となる鳥居。銅製の鳥居としては日本一の古さで、国の重要文化財に指定されている。

←

拝殿《はいでん》

神に祈願するための建物で、大社造りと切妻造りの折衷様式。大きな注連縄が威厳を感じさせる。二拝四拍手一拝でお参りを。

←

八足門《やつあしもん》

大國主大神を祀る御本殿へのお参りはこちらの門の前で。切妻造り、檜皮葺きで、華麗な彫刻が施されている。国重要文化財。

←

素鵞社《そがのやしろ》

大國主大神の親神・素戔嗚尊(すさのおのみこと)をお祀りしている摂社。御本殿の真うしろに鎮座している。

出雲大社へのアクセスと参拝情報

☎ 0853-53-3100
住 島根県出雲市大社町杵築東195
交〈鉄道で行く場合〉
JR出雲市駅から出雲大社へは一畑バス大社線または日御碕線で約30分。
東京からは寝台特急「サンライズ出雲」も運行している(所要約12時間)。
〈飛行機で行く場合〉
出雲空港から出雲大社へは一畑交通連絡バス乗り継ぎで約1時間。
※時間帯によっては出雲大社直行バスがあり、約35分
〈車で行く場合〉
山陰道出雲ICから県道337号、国道431号経由で約10km。

〈問い合わせ時間〉
8時30分〜16時30分
〈参拝時間〉
6時(11月〜2月は6時30分)〜20時。
この時間帯は、御守授与所で御神札などの御守、縁起物を受けられる。
御祈祷の受付は8時30分〜16時30分。
20時以降、境内中心部(荒垣内)は閉鎖され、銅鳥居前からの参拝となる。

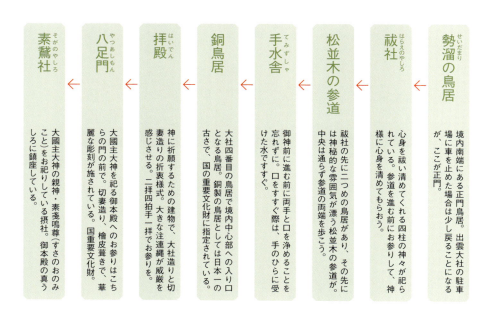

鶴山
八雲山
亀山
彰古館
素鵞社
文庫
御本殿
御神座正面参拝所
御向社
天前社
玉垣
宝庫
神饌所
筑紫社
神饌所
荒垣
瑞垣
氏社
楼門
門神社
門神社
國造家鎮守社
釜社
西十九社
観祭楼
八足門
西廻廊
東廻廊
東十九社
手水舎
御守所
拝殿
神楽殿
北島國造家四脚門
御饌井
庁舎
宝物殿
おくにがえり会館
御守所
古神札納所
金刀比羅宮
牛馬舎
銅鳥居
祓社
御手洗井
社務所
会所
手水舎
吉野川
さざれ石
素鵞川
御慈愛の御神像
杵那築の森
ムスビの御神像
勅使館
松並木の参道
御手洗
神苑
出雲大社連絡所
うさぎ石像
日御碕へ
駐車場
431
出雲市街へ
野見宿禰神社
神話の杜
中の鳥居
水辺の少女
祓橋
御手洗
参道
N
土俵
島根県立古代出雲歴史博物館へ
祓社
浄の池
千家尊福公銅像
松江へ
勢溜
勢溜の鳥居
431
正門前
一畑電車出雲大社前駅へ

心御柱の根元部分。高さ48mと伝わるかつての本殿の大きさが実感できる

宝物殿と出雲大社のご宝物

出雲大社境内東端にある宝物殿では、
鎌倉時代の高層本殿の心御柱《しんのみはしら》をはじめ、
大社の貴重なご宝物を拝見できる。

宝物殿

時 8時30分～16時30分
（入館は16時まで）
¥ 一般300円／高校・大学生200円
小中学生100円／未就学ほか無料

建築家菊竹清訓氏の設計による神祜殿《しんこでん》が、「平成の大遷宮」を記念した改修工事により、平成二十九年、宝物殿としてリニューアルオープンした。

展示施設は刷新され、平成十二年（二〇〇〇）に境内より出土した古代本殿の心御柱《しんのみはしら》（重要文化財）をはじめ「秋野鹿蒔絵《あきのしかまきえ》手箱《てばこ》」（国宝）といった伝世品の数々など、出雲大社の歴史と信仰を感じられる展示内容となっている。

巨大神殿を支えた心御柱を間近に見学できる

心御柱は御本殿内のもっとも重要な柱。境内で出土した心御柱は、鎌倉時代前期のものと推定される。直径一メートル以上もある杉の巨木三本を束ねて一本の柱としたもので、束ねた心御柱の直径はなんと約三・六メ

燧臼《ひきりうす》・燧杵《ひきりきね》

最も古い様式の発火器。臼は檜板、杵はウツギの細い棒。出雲大社では古伝新嘗祭をはじめ諸祭典にはこの燧臼・燧杵によってきり出した神火をもって神饌を調理し、宮司以下すべての神官もこの火にて潔斎する。臼の上に杵の一端をあてて錐もむようにして摩擦して火を起こす。

秋野《あきの》鹿《しか》蒔絵《まきえ》手箱《てばこ》

女性の小物を入れるお手許箱。平安末期(1175)もしくは鎌倉時代前期(1248)の遷宮に際して調製奉納されたと伝えられる。黒漆地に蝶貝の螺鈿(らでん)約300個を使用して、秋の野に遊ぶ鹿の親子、小鳥などが描かれた豪華なもの。国宝。

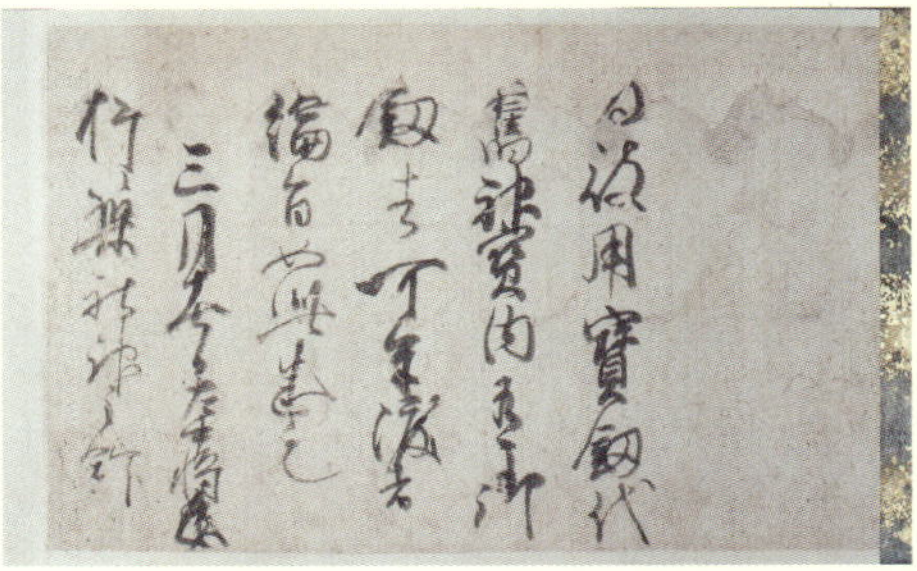

後醍醐天皇宝剣勅望綸旨《ちょくぼうりんじ》

鎌倉時代(1333年)3月17日、伯耆国(鳥取県西部)船上山から三種神器のひとつである草薙剣(くさなぎのつるぎ)の代わりとして出雲大社の神剣二振りのうち一振りの献上を望まれた綸旨。後醍醐天皇の直筆。重要文化財。

ートルもあり、この大発見により、古代神話に語られた巨大神殿の実在性が大いに高まった。宝物殿では出土した根元部分をガラスごしに見学できるほか、二階から心御柱の断面を見ることもできる。

また、「秋野鹿蒔絵手箱」は、平安末期～鎌倉時代前期の遷宮の際に奉献された神宝の一つとして、御本殿内に納められていた可能性があるという。

その他、中世の高層御本殿の模型、宮司家《ぐうじ》に伝わる高層本殿の平面図（複製）、檜皮葺《ひわだぶ》きの本殿屋根の模型、出雲大社や周辺を描いた鎌倉時代の絵図（複写）など約五十点を展示。出雲大社の祭事、境内の建造物、遷宮の歴史、心御柱の発掘調査の概要を解説したパネルもある。

参拝後に訪れ、「天下無双《てんかむそう》の大厦《たいか》」と称えられた出雲大社の悠久の歴史に思いを馳せたい。

宝物写真提供／出雲大社

第二章

出雲大社のお祭り

出雲大社のお祭りとは

天穂日命《あめのほひのみこと》の子孫・出雲國造《いづもこくそう》によって
古代より脈々と受け継がれている出雲大社のお祭り。
これは全て天照大御神《あまてらすおおみかみ》とのお約束事によるものだった。
お祭りに込められた意味について学んでみよう。

国譲り神話が出雲大社の原点

出雲大社には年間七十二回にのぼる恒例祭典があり、すべて宮司がご奉仕している。これは天照大御神とのお約束事によるものとされている。

〝国譲り〟のあと、大國主大神が天照大御神に国土を奉還され、出雲大社にお住まいになるとき、天照大御神は御子の天穂日命《あめのほひのみこと》に、大國主大神にお仕えするよう命じられた。以来、天穂日命の子孫が出雲大社の祭祀をご奉仕し

火継神事　出雲國造の職を継承する重要な儀式。
火継式は霊継式であり霊魂の継承と考えられている。

年間72回にのぼる恒例祭典があり、すべて宮司（國造）がご奉仕している。

写真提供／出雲大社

ており、大國主大神にお仕えする宮司は出雲國造《いづもこくそう》と称している。

現在の宮司は第八十四代目だが、代替わりに際しては「火継《ひつぎ》神事」など多くの重儀を徹夜に近い形でご奉仕して、新しい國造の襲職を発表してから、前國造の帰幽を発表する。つまり、國造は生き続けるという信仰のうえに、恒例祭典はもとより、朝夕の御日供《おにっく》も宮司がご奉仕しているのだ。

神在祭が旧暦で斎行される理由

恒例祭典のなかでも、よく知られているのは旧暦十月に行われる「神在祭《かみありさい》」だろう。これも、神様どうしのお約束に由縁するもので、目に見える世界は天照大御神が、そして、目に見えない世界は大國主大神が司るというお約束のもと行われている。

目に見えない世界というのは、神々の世界や、私たちの心・精神世界、死後の世界のことをさす。神在祭は、大國主大神のもとに全国津々浦々から八百万神《やおよろずのかみ》がお集いになり、縁結び等の会議をされる大事な神事とされている。

そして、神在祭が行われる旧暦の神在月《かみありつき》（神有月）にも理由がある。昨今、出雲大社には多くの参拝者があるが、なかには新暦の祭礼と思い込み、十月にお参りし「今は、神在月ではないのですか？」と残念がる参拝者もいるようだ。実は、八百万神は龍蛇神《りゅうじゃしん》と呼ばれる海蛇（セグロウミヘビ）の先導により、海上より出雲へいらっしゃると伝えられる。それは毎年旧暦十月になると日本海が荒れて、この海蛇が多く海岸に漂着したため、それを神の使いとして信仰したことに由来する。

御日供　米、酒、野菜、果物などのお供えをし、皇室の 弥栄と国の繁栄を祈念する日々の祭典。

襲職　職務を受け継ぐこと。

写真提供／古代出雲歴史博物館

「出雲国大社之図」出雲大社に集まった神様たちが相談してカップルを決めたあと
男女の札を結びつけて縁結びしている

「よみがえり」のもと行われる神事

神在祭の期間は、神々の会議の邪魔にならないよう、地元では静粛に過ごすということで「お忌《い》みさん」とも呼ばれている。神々が会議をなさるお社は、出雲大社から一キロほど西の上《かみの》宮《みや》である。そして、お泊りになるお社は、境内の東西にある十九社。十九社とは文字通り、扉が東西十九ずつ、すなわち三十八の部屋に分かれていることを意味する。八百万の神様の宿泊には部屋数が足りないと思われるかもしれないが、これは古代の人々の数観念からきている。十九の「一」は、すべての始まりの数字であり、「九」は最後の数字である。最初と最後の数字を一緒に言うことにより、古代の人々は無限大を表すという信仰を持っていた。神々が出雲から全国にお帰りになるお社を万九千《まんくせん》神社と言うが、このいわれも同じだろう。神在祭の起源については、『万葉集』に神無月が詠まれている歌があり、『奥秘抄』に「天下諸々の神が出雲に行くのでかみなし月という」と記されているので、万葉の時代には人々の間にすでに根付いていたのは確かである。

もうひとつ、極めて重要な神事が、十一月二十三日の夜に斎行される「古伝新嘗祭《こでんしんじょうさい》」だ。これは、出雲國造が天神地祇《てんしんちぎ》をお祀りし、相嘗《あいなめ》することにより、國造が霊威蘇生する重儀である。つまり、出雲國造が天津神《あまつかみ》、国《くに》津神《つかみ》と共に食事をすることによって、新しい力をいただき、國造がよみがえるということ。これは、御祭神に対するお祭りではなく、國造が國造であるために行うという特殊な神事である。

相嘗　神様と共にお食事をすること。

天神地祇　天神は高天原に生まれた神、あるいは葦原の中つ国に天降った神、地祇は国土の神とされる。

写真提供／古代出雲歴史博物館

「大社縁結図」中央の神様が手をそえている帳面の中には、
縁が結ばれたカップルの名前が記載されている

出雲大社にとって〝よみがえり〟という言葉は非常に大切な意味があるが、そのことを体現するひとつの神事となっている。

六十年に一度の出雲大社の御遷宮

ところで、伊勢の神宮は二十年に一度、敷地も御社殿も調度品もすべて新しくする式年遷宮《しきねんせんぐう》を行う。第六十二回式年遷宮は、平成二十五年の秋に行われた。一方、出雲大社では平成の大遷宮が、平成二十五年の五月に行われ、この年は春は出雲大社、秋は伊勢神宮の御遷宮と、おめでたい年となった。

六十年ぶりの出雲大社の御遷宮は、国宝の御本殿のお屋根替え、木部・飾金具の修理、他、重要文化財の摂末社にも同じ修理を施す。遠くさかのぼり、出雲大社が雲太の御神殿であった時代、倒れても倒れても、古人は壮大な御神殿を造営し続け、祈りを結び、子孫の幸せのために祈りを伝えた。大社の御遷宮とは、ただ単にお住まいを新しく御造営・御修造するだけではない。神代に立ち返ることによって、神様の御霊力も清新によみがえる、そしてご奉仕する人々もまた、神祭りの心を清新に立ち返らせる、そういった大切な意味が込められているのだ。

国津神　地に現れた神々の総称。国土の神。

天津神　高天原に生まれた神、あるいは葦原の中つ国に天降った神。

神在月、
静寂に包まれる稲佐の浜で
神々を迎える

写真提供／出雲大社

篝火が闇夜を照らすなか、祭壇が設けられた稲佐の浜は幻想的な雰囲気に満たされる

国譲りの舞台 稲佐の浜で 神々を迎える

神迎祭《かみむかえさい》 ［旧暦十月十日］

日本全国が神無月となる旧暦十月、全国の神々は出雲大社へと集まってくる。そのため、出雲では十月を神在月《かみありつき》と呼んでいる。その神様をお迎えする神事が神迎祭だ。

　旧暦十月十日の夜七時、漆黒の闇に包まれた稲佐の浜では篝《かがり》火《び》が焚かれ、潔斎《けっさい》を済ませた神職らが斎場へと参進する。

神籬（ひもろぎ）
神の依り代（よりしろ）。榊を用いる事が多い。

絹垣に囲まれた龍蛇様と神籬を中心に、神職たちの行列が出雲大社へと向かう

出雲へ集まる神々を先導するのは龍蛇様《りゅうじゃさま》。龍蛇様とは、冬の日本海の荒波によって打ち上げられた背黒海蛇《せぐろうみへび》のことで、全国の神々はこの龍蛇神の先導で、海を渡り、稲佐の浜の弁天島付近を目指しておいでになるのだという。

神々が乗り移る「神籬《ひもろぎ》」と呼ばれる二本の榊を祭壇に祀り、祝詞が奏上される。波の音と、パチパチと篝火の音が響くだけの静寂の中で行われる、なんとも幻想的で神秘的な神事だ。

浜辺での神事が終わると、神々が乗り移られた神籬は両側を絹垣で覆われ、奏楽が奏でられるなか、「神迎の道」を大國主大神がお待ちになる出雲大社へと進んでゆく。

大社到着後、神楽殿で再び神迎祭が行われ、その後、神々はようやく旅（宿）社である東西の十九社に鎮まられる。

龍蛇神　神々の先導役の龍蛇神は、豊作や、豊漁・家門繁栄などの篤い信仰がある。
神迎祭終了後には特別拝礼、さらに神在祭期間中にも八足門内廻廊に龍蛇神をお祀りし、一般の参拝が可能。

七日間に及ぶ幽《かく》れたる神々の会議

神在祭《かみありさい》

［旧暦十月十一日〜十七日］

神迎祭の翌日、十一日から十七日までの七日の間、神々は東西の十九社に宿泊され、「幽事《かくりごと》（神事《かみごと》）」、すなわち人と人との縁など、あらかじめ知ることのできない人生諸般の事などを神議りにかけて決められるという。男女の結びに関する様々な事柄も、この神議《かむはかり》で決められるといわれている。

神々がお泊まりの十九社。神在祭の期間のみ扉が開く

神前の中央に鎮座しているのは神々が宿る神籬（ひもろぎ）。周囲は厳かな雰囲気に包まれる

神々がご縁を結ぶ会議が行われるといわれている上宮

古式にのっとった神事には太鼓や笛も奏でられる

神様の神議が行われるのは、出雲大社の西方約八百メートル、奉納山の麓にひっそりと建つ摂社・上宮《かみみや》（仮の宮）。素戔嗚尊《すさのおのみこと》と八百万神《やおよろずのかみ》を主祭神とするお宮だ。

神在祭は午前九時から厳かに斎行される。朝早くからのお祭りだが、一般の人々も参列することができるとあって、多くの人が訪れる。

神殿には山、川、海の産物がお供えされ、宮司が祝詞を奏上し、大國主大神並びに八百万神に祈りが捧げられる。

このお祭りは、本社では初日・中の日・最終日、上宮、東西の十九社で連日執り行われるのだが、土地の人は、この期間は神々の神議の邪魔にならないよう、歌舞や音曲を慎み、建物の普請なども休止し、ひたすら静粛に過ごすという。そのため、「御忌祭《おいみまつり》」とも呼ばれている。

上宮や十九社での祭典は神々が出雲に滞在する七日間執り行われ、巫女による舞も奉納される

写真提供／出雲大社

「おたち、おたち」の合図で帰られる神々

神等去出祭《からさでさい》
［旧暦十月十七日、二十六日］

神在祭が終わると、出雲大社では旧暦の十七日と二十六日の二回にわたり、神々を見送る神等去出祭が行われる。十七日が大社からおたちになる日、二十六日は出雲の国を去る日だ。

旧暦十月十七日の午後四時。神職が一列になって拝殿に入り、太鼓の合図とともに神事が始まる。東西の十九社より神籬《ひもろぎ》が絹垣に囲まれて拝殿へ遷御《せんぎょ》。御神前に神籬と龍蛇神がお祀りされ、餅が供えられ祝詞《のりと》が奏上される。

その後、一人の神職が本殿楼門に向かい門の扉を三度叩きつつ「おたち～、おたち～」と唱えると、この瞬間に神々は神籬を離れ出雲大社を去られるという。

その後、大國主大神に神様が去られたことを報告し、全国へ帰る際の無事を祈るのが旧暦十月二十六日の第二神等去出祭。御本殿前で神職一人が扉を三回たたき「おたち～」と唱えると、神々は全国にお帰りになる。

神職たちが東西の十九社に向かい、神々の宿る神籬を仮拝殿に迎えた後、神事が執り行われる　写真提供／出雲大社

宮司が梅の小枝で幣殿の扉を叩き、神々に旅立ちが近づいたことを奉告する

万《まん》九《く》千《せん》神社

神々を見送る「カラサデさん」

出雲に参集された八百万の神々は、神在祭の後、斐川町の万九千神社よりそれぞれの国に還られるという。

万九千神社は、出雲平野のただ中に鎮座する、本殿を持たない古来の社。出雲平野の水路・陸路における交通の要衝として、また、斐伊《ひい》川下流域に広がる大地の鎮めとして重視されてきた。

旧暦十月十七日から二十六日、「神在」または「お忌み」と称して、神議《かむはかり》の締めくくりと直会《なおらい》の宴が催される。

十七日早朝、斐伊川べりに神々を迎える龍神祭を皮切りに、神社周辺での歌舞音曲の一切を禁止し、祭場の清浄・静粛を保ち、二十六日の大祭「神等去出《からさで》祭《さい》」(「万九千さん」「カラサデさん」とも呼ぶ)を迎える。

神前で来年の稲の出来高を占う「御種組《おたねぐみ》」や「神在みくじ」が行われ、参拝者に梅酒の御神《おみ》酒《き》や「お御供」の小餅などが授与される。夕刻には、清め祓いの湯立神楽《ゆだてかぐら》が奉奏《ほうそう》され、その後、宮司が幣殿《へいでん》の戸を梅の小枝で「おたち〜」と三回唱えながら叩き、神々に旅立ちが近づいたことを奉告。この「神等去出神事」の後、神々の直会の宴となる。

⛩

御祭神

櫛御気奴命(くしみけぬのみこと)

大穴牟遅命(おおなむちのみこと)

少彦名命(すくなひこなのみこと)

八百万神(やおよろずのかみ)

MAP P88 B-3

☎ 0853-72-9412

住 出雲市斐川町併川258

交 出雲縁結び空港から車で約20分。JR出雲市駅から車で約12分。出雲大社から車で約25分。斐川インターから車で約20分

出雲平野のただ中、立虫(たちむし)神社の境内社として斐伊川畔に鎮座する

古代から脈々と受け継がれる重要なお祭りをご紹介

年の初めの大御饌祭、五月の例祭、十一月の古伝新嘗祭など、出雲大社では年間通して古式ゆかしい神事や祭りが行われる

写真提供／出雲大社

出雲大社の主な年中行事

神迎祭、神在祭以外にも、出雲大社では一年間に七十回以上もの祭事が行われている。いずれも古代から脈々と受け継がれてきた重要なお祭りばかりだ。

まず、年の初めの一月一日に行われるのが「大御饌祭《おおみけさい》」。お米をはじめとした種々の作物を御神前に供え、皇室の御隆昌、国家の安泰、国民の繁栄をお祈りする。供物は翌日まで供えおかれることから「寝ごもりの神事」とも呼ばれている。

一般に「出雲大社大祭礼」と呼ばれ、出雲大社最大の賑わいがある例祭《れいさい》は、五月十四～十六日に斎行される。十四日には天皇陛下のお使い「勅使」が参向され、松の参道で、例祭の前に古伝の的射祭《てきしゃさい》、例祭終了後に流鏑馬《やぶさめ》の神事が行われる。翌十五日は二之祭《にのまつり》で、鈴を稲苗に見立てた豊穣予祝の御田植神事「鈴振り舞」を奉納。十六日は三之祭《さんのまつり》となっている。この三日間は、田植舞や伊勢大神楽、獅子舞、さらに出雲大社大茶会など、多彩な催しが行われる。

古くから地元の人たちに親しまれているのが六月一日の「涼《すず》殿祭《みどののまつり》」。出雲大社の東方約百メートルの出雲の森と、銅鳥居東

神に供える水を汲む井戸のお祭り「御饌井祭」。
宮司が榊の小枝を両手に持って舞を奉納した後、神職が井戸の水を汲む

写真提供／出雲大社

側の御手洗井《みたらしのい》で祭事が行われる。このときに使われた真菰《まこも》（イネ科の植物）を持ち帰り、風呂に入れて入ると無病息災になるといわれることから、「真菰の神事」ともよばれている。

出雲大社独特のお祭りとして知られるのが、十一月二十三日の「古伝新嘗祭《こでんしんじょうさい》」だ。古くは熊野大社、中古以降は神魂《かもす》神社に出雲國造《こくそう》が出向いて行われていたが、明治五年（一八七二）からは出雲大社で斎行されるようになった。国家繁栄、五穀豊穣を祈るもので、出雲國造にとって最も重要なお祭りだ。また、このお祭りに先立ち、出雲國造が熊野大社に出向き、以後一年間の祭りに使う燧臼《ひきりうす》・燧杵《ひきりぎね》を受け取る「亀太夫神事《かめだゆうしんじ》」も、出雲大社の特異な歴史をうかがわせてくれる。

古伝新嘗祭の前後、十一月十七日と十二月二十七日には「御《み》饌井祭《けいさい》」が行われる。大神の御饌を炊く用水の祭りで、拝殿西側の御饌井を装飾し、神饌を供えてお祭りする。祝詞奏上の後には神舞いが舞われ、打ち鳴らす琴板に合わせて神楽歌がうたわれる。

このほか、年に六〜七回ある甲子《きのえね》の日には五穀豊穣を祈る「甲子祭」が斎行される。第一甲子祭には稲籾、第二甲子祭には綿種、第四甲子祭には水など、その時々の五穀の種子や水が古式にのっとり供えられる。

「甲子」の日に奉納される巫女の舞

出雲の民俗行事
吉兆さんと番内さん

１月３日に大社町で開催される伝統行事。新年の喜びとその年の繁栄・安全を祈願するもので、正式名称は吉兆神事だ。町内の出雲大社の氏子が、「歳徳神」と書かれ、吉兆幡と呼ばれる高さ10mもの大幟を押し立て、しゃぎり太鼓とともに練り歩く。先導するのは、その年の厄男が扮する「番内」(写真)。顔に鬼の面をつけ、シャグマと呼ばれる長い毛をかぶり、長いハチマチで縛る。衣裳は金襴の神楽衣裳。手には、先をささら状に細かく割った青竹。行列が出雲大社にお参りした後、番内さんは家々を回り、玄関先で「悪魔んばらい！」と大声をあげ、青竹で地面を叩きながら悪魔を追い払う。

お祭りスケジュール

一月一日	大御饌祭《おおみけさい》
旧元旦	福神祭《ふくじんさい》
二月三日	節分祭《せつぶんさい》
二月十七日	祈穀祭《きこくさい》
五月十三日	例祭前夜祭《れいさい》
五月十四～十六日	例祭《れいさい》 十五日 二之祭《にのまつり》 十六日 三之祭《さんのまつり》
六月一日	涼殿祭《すずみどののまつり》(真菰《まこも》の神事)
八月十四日	神幸祭《しんこうさい》(身逃《みにげ》の神事)
八月十五日	爪剥祭《つまむぎさい》
旧暦十月十日	神迎祭《かみむかえさい》
旧暦十月十一～十七日	神在祭《かみありさい》
旧暦十月十七日	神等去出祭《からさでさい》
旧暦十月二十六日	第二神等去出祭《からさでさい》
十一月十七日	御饌井祭《みけいさい》
十一月二十三日	献穀祭《けんこくさい》・古伝新嘗祭《こでんしんじょうさい》
十二月二十七日	御饌井祭

出雲大社の御遷宮とは？

御修造により大國主大神のお住まいが甦る

六十年ぶりの大修造

「平成の大遷宮《せんぐう》」の記録

遷宮とは、神社の神殿を造営や改築する際に、御神体を遷《うつ》すことをいう。出雲大社では、平成二十五年、六十年ぶりの御遷宮が行われた。

伊勢神宮の式年遷宮の場合は、御神殿から宝物、調度品などすべてのものが新調されるが、出雲大社の遷宮は、御造営当時から受け継がれてきたものの「心」と「かたち」を、できるだけ後世に継承してゆくため、大屋根の檜皮《ひわだ》こそ全面的に葺き替えるものの、御本殿そのものは建て替えられない。調査・解体後、長年の風雨などによって傷み、腐朽した部分を取り替え、修理されるのだ。

仮拝殿完成後の平成二十年四月二十日、出雲大社では御祭神の大國主大神《おおくにぬしのおおかみ》に、御本殿《ごほんでん》から仮の住まいとなる御仮殿《おかりでん》（従来の拝殿）へお遷りいただく「仮殿遷座祭」が執り行われた。

闇があたりを包むなか、まず、御本殿で「御遷宮・御修造のため、これより御動座いただく」旨を奉告し、その後、絹垣に囲まれた御神体は神職によって御仮殿へと遷幸。御仮殿では引き続き、御修造の間、御鎮座いただくためのお祭りが斎行された。翌日からは御本殿天井の「八雲之図」や、直径一メートル余りの心御柱《しんのみはしら》など、六十年ぶりに御本殿内部が一般公開された。

絹垣に囲まれた大國主大神の御神体は、御本殿から御修造期間の仮の住まいとなる御仮殿に遷られた

今も松脂がしたたり落ちている御本殿桁木。御修造では植物由来の塗料を使った「ちゃん塗り」が施される

御仮殿《おかりでん》

従来の拝殿で総檜造り。流麗な屋根は銅板葺きだ。右奥に見える巨大な建物が御本殿の覆屋

昭和二十四年に開始された昭和の御修造の際に取り替えた木材には「昭和二十四年二十五年度修補」の焼印が押してあった

檜皮を撤去した段階の大屋根。面積は広大で、東西それぞれ約90坪、合わせて約180坪ある

いのちあるものは補強し、いのちの限りまで活かし使う

平安時代末頃には十六丈（約四十八メートル）の高さだったと伝えられる御本殿。現在は八丈（二十四メートル）で、延享元年（一七四四）の御造営とされる。その後、文化六年（一八〇九）、明治十四年（一八八一）、昭和二十八年（一九五三）と三回の御遷宮・御修造を経て現在に至っている。

平成二十年の暮からは、御本殿を覆う覆屋《おおいや》の建設が開始された。国宝でもある巨大な御本殿をすっぽりと覆うもので、工事は細心の注意を払って進められ、翌二月に基礎工事が行われ、同年六月に完成した。

鬼板《おにいた》

大屋根の両端に取り付けられていた木製の棟飾りが鬼板で、左右に鰭(ひれ)が付いている。覆っていた銅板をはずして痛んだ部分を削り、そこに新しい木材を補って修復された

御修造の作業は覆屋の内部のスペースに縦横に足場を組み、通路と作業スペースを設けて進められた

同年九月には大屋根の上に載る千木《ちぎ》と勝男木《かつおぎ》の取り下ろし作業が行われた。千木は長さ八メートル、勝男木は長さ五・五メートル。いずれも昭和の御修造時に据えられたものだ。

続いて行われたのは大屋根の檜皮葺《ひわだぶき》の解体作業。これは、昭和の御修造の際、どのような方法で檜皮を葺いたかを調査しつつ進められた。約六十年に一度の御修造は、世代が完全に入れ替わる年月で、しかも昭和の御修造に関する記録はほとんど残されていないため、細部まで詳しく調べながらの解体だった。

総重量が四十トンを超えるすべての檜皮を撤去し終えると、通常の屋根の下地には見られない重厚な造りが姿を現した。三枚の野地板による三重構造。御祭神の大國主大神に対する深い敬意を示すかのように、丁寧で緻密な匠たちの技だ。

作業は細心の注意を払い、丁寧に進められる。これは箱棟のちゃん塗り作業

勝男木《かつおぎ》の据え付け

大屋根の上の３本の勝男木の据え付け作業。１本の長さは5.45mで周囲2.67m。重さは700kgにもなるためクレーンで慎重に取り付けられた

解体調査の結果、屋根の下地はほとんどが、そのまま使えることが判明した。約三百年もの年月に耐えた木材の強さ、従事した先人たちの技の確かさがうかがえる。

そのほかの部材も綿密に調査。四本の千木は二本を新しく造り、残る二本は再使用。三本の勝男木は痛んだ部分を削り、新しい部材による埋め木によって再使用するなど、その状態ごとに適切な処理が決められていく。

平成二十二年十月、大屋根の軒付《のきつけ》（軒先）の下にある蛇腹板の葺き替えに着手。続いて、檜《ひ》皮《わだ》の葺き替え作業が始められた。大屋根の面積は約百八十坪あり、使われる檜皮は六十四万枚にも及ぶ。しかもここでは「四尺皮（長さ約一・二メートル）」と呼ばれる長大な檜皮も使用。これはほかの檜皮葺の建物には見られない独特のものだ。

各部ごと修復・新造を終えた後、必要に応じて色塗りや銅板貼りなどの復旧作業が進められた

横一列になった葺き師たちが檜皮を重ねていく。葺かれる檜皮は総数で約六十四万枚。竹釘が打たれるのはそれぞれ三〜五カ所で、すべて素手での作業だ

三百年の月日に耐えた部材を活かし次の遷宮まで耐えるいのちを与える

この檜皮を「葺き師」たちがモウソウダケなどで作られた竹釘で留めていく。竹釘は弱いように思われるが、鉄釘は雨に濡れて錆びると周りの檜皮を痛めてしまうため、長期的に見ると竹釘の方がはるかに強いのだという。

画家・岡本太郎が「この野蛮なすごみ、迫力、おそらく日本建築美の最高表現であろう」と絶賛した出雲大社御本殿。

職人たちの見事なまでの技により御修造を終え、平成二十五年五月、真新しい檜皮葺の大屋根を載せた、豪壮な御本殿が再び姿を現した。

昭和二十四年〜二十八年

昭和の御修造をふり返る

戦後まもなくの昭和二十四年（一九四九）に開始された昭和の御遷宮・御修造。明治十四年（一八八一）の御修造は国家の管理のもと、国費で行われたが、戦後になると神社界は国家管理を離れたため、出雲大社の御修造も自力で行わなければならなかった。大社自体にその資力はなく、また、国も国民も疲弊していたため、当時の宮司（國造）は御奉賛願いのために全国を回ったという。

作業もまた、困難を極めた。平成の御遷宮ではクレーンを使った作業も、人力でろくろを回したりコロを使用するなど、当時の最先端の技術と、従事した匠たちの創意工夫によって進められた。このとき大屋根から下ろされた千木《ちぎ》と勝男木《かつおぎ》は、島根県立古代出雲歴史博物館で見ることができる。

なお、当初、昭和の御遷宮・御修造が予定されていたのは、明治十四年（一八八一）の六十年後に当たる昭和十七年（一九四二）。しかし、当時は太平洋戦争のまっただ中だったため延期されている。

勝男木は傷つかないようにムシロでくるみ、コロを利用して大屋根へ上げる（下写真）など、作業は慎重に進められた

当時の記録はほとんど残されていないが、わずかに残る撮影した写真や「平成の大遷宮」の解体調査によって、その作業の一端が明らかになった

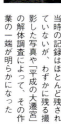

〈御本殿図面・各部名称〉

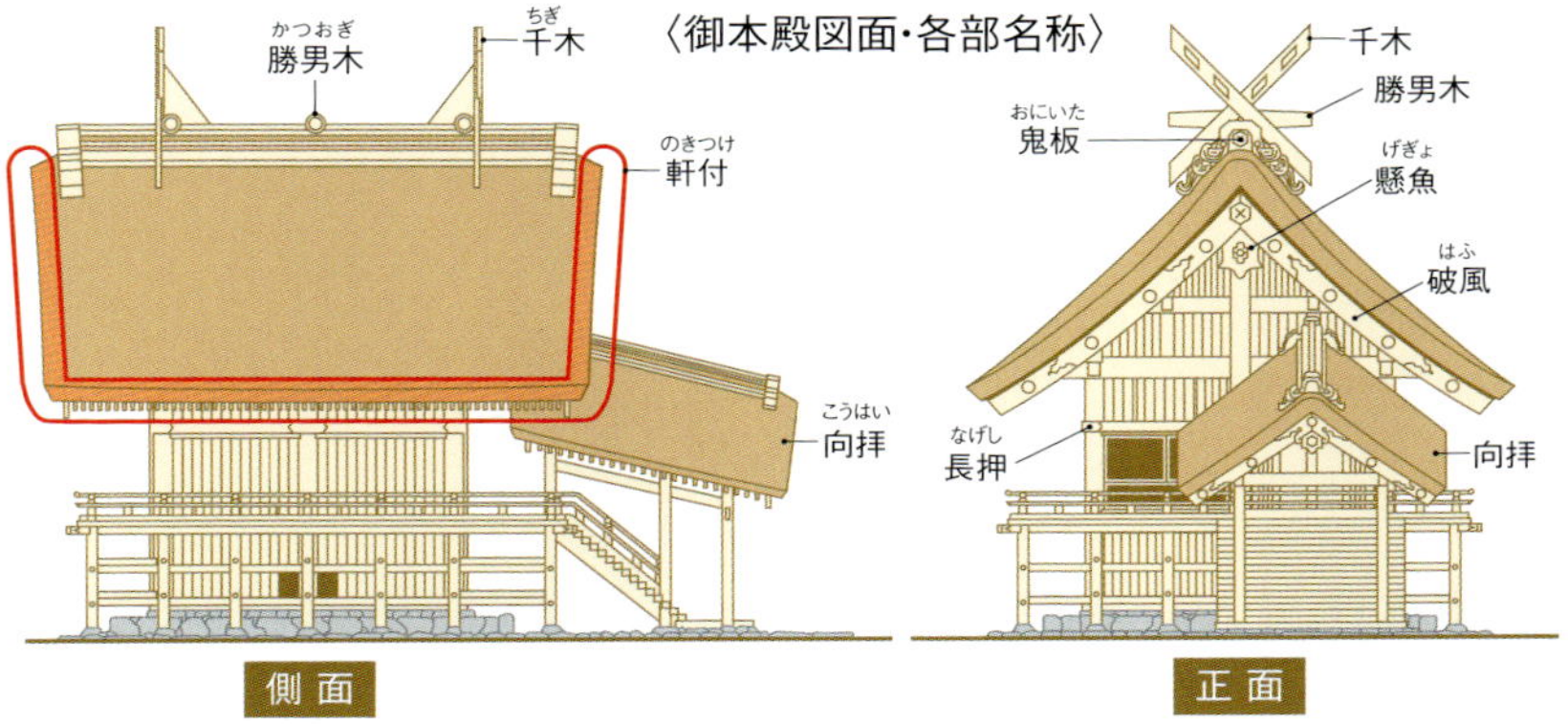

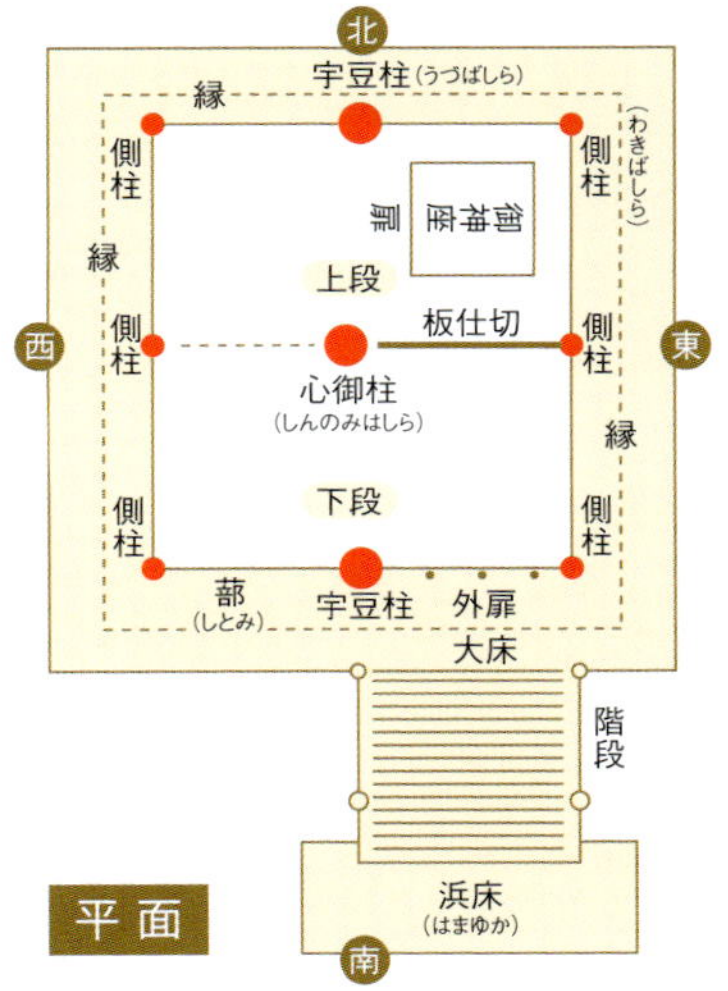

御本殿の構造

懸魚や破風板も美しい巨大な神殿

出雲大社の御本殿は本を開いて伏せたような形の切妻の屋根で、殿内に入る御扉が妻側（屋根の三角形側）にある妻入り構造。神社建築の古代様式「大社造り」の典型とされる。

屋根は檜皮葺。屋根の上には、両端に交錯する千木、その間に三本の勝男木が載る。千木の先端までの高さは八丈（二十四メートル）だ。

御本殿は正面、側面とも三十六尺（約十一メートル）の正方形。直径一・一メートルもある心御柱を中心に、前面と背面の中央に立つ二本の宇豆柱など全部で九本の柱で大屋根を支える。殿内は心御柱から東側中央の側柱までは板壁で、その奥に御内殿（御神座）がある。御神座は建物正面の南向きでなく、西向きに鎮座している。

復元／大林組　画／張仁誠

古代の出雲大社の御本殿の高さは48m。現在の２倍の高さがあり、ビルの高さにすると15階に相当するという巨大さだ

国譲りの功績を称えて造営された
「天高く結ぶ千木を揚げた」巨大神殿は、
単なる神話ではなく、歴史的事実だった。

古代の出雲大社とは?

古代出雲に存在していた大勢力

出雲神話は、『古事記』の神話の三分の一を占めていると言われている。また、風土記の唯一の完本として残っている『出雲国風土記』では、記紀に記載されてない神話が載っているが、古代出雲に実際にそのような大勢力が存在していたかどうかについては、長い間確証なく、どちらかと言えば否定的に論議されてきた。

しかし、昭和五十九年、出雲大社に近い斐川《ひかわ》町の荒神谷《こうじんだに》遺跡から、一挙に三百五十八本もの銅剣や銅矛《どうほこ》十六本・銅鐸《どうたく》六個が出土。三百五十八本という数は、それまで国内で出土した銅剣の総数をはるかに越え、大変な注目を集めた。

そして平成八年には荒神谷遺跡よりやや南方の加茂岩倉《かもいわくら》遺跡

写真提供／古代出雲歴史博物館

巨大柱の顕現

二〇〇〇年～二〇〇一年にかけて出雲大社境内から十三世紀前半ごろ（鎌倉時代）の巨大な柱が三ヵ所で発見された。このような掘立柱の地下構造は史上最大で世界的にも希

写真提供／古代出雲歴史博物館

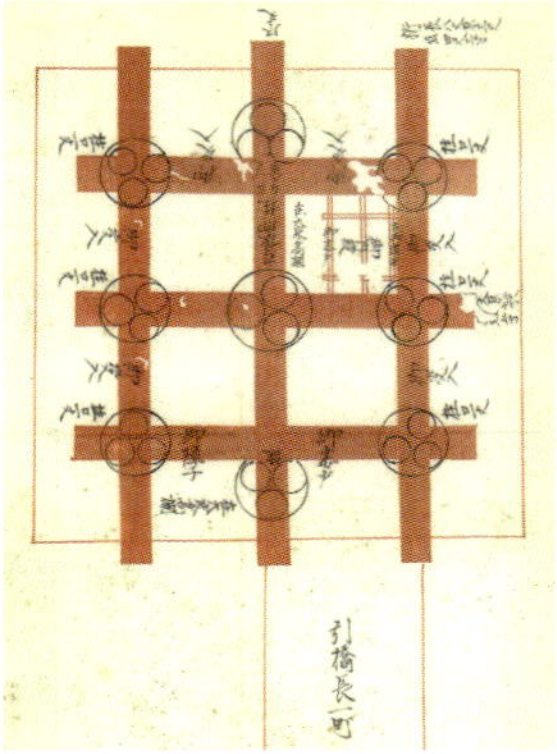

金輪御造営差図

いにしえの出雲大社の御本殿の建築状況を描いた絵図。出雲大社宮司を務める千家國造家に伝わる

から銅鐸が三十九個出土した。両遺跡とも農道工事の調査で発見されたが、特に加茂岩倉遺跡はブルドーザーが入っているという、まさに工事中の発見であった。大きな銅鐸の中に小さな銅鐸を入れた入れ子《いこ》という埋納状態のものもあった。

この世のものとも おぼえざりけり

　さらにその四年後（平成十二年）、出雲大社の境内から巨大な古代の御本殿の御柱が顕現《けんげん》したのである。出雲大社には、宮司家に昔から伝わる「金輪御造営《かなわのごぞうえい》差図《さしず》」というものがある。これは三本の柱を金輪でくくって直径三メートルの柱とし、それを正方形の田の字の線と線の交点の九ヵ所に建ててある御本殿の平面図である。高さは記してないが、階段の長さが約一町、百九メートルと書いてあった。境内から発見されたのは、この九ヵ所のうち手前三本の御柱中央の「宇豆柱《うづばしら》」、右手の「側柱《わきばしら》」と、全体の中央の「心御柱《しんのみはしら》」の三ヵ所。それぞれが杉の大木三本を一組として「金輪御造営差図」の配置どおりに顕現したのである。

　宇豆柱三本は既に保存処理を終え、県立古代出雲歴史博物館のロビーに展示され、心御柱三本は出雲大社宝物殿（四十四頁参照）に展示されている。

　その昔、京都から出雲大社を参拝した寂蓮法師《じゃくれんほうし》（平安時代末～鎌倉時代初めの歌人）は、都の大きな建物に慣れ親しんでいたにも関わらず、出雲大社を目の前にして、「この世のものともおぼえざりけり」と書き遺したという。県立古代出雲歴史博物館でそんな壮大な古代出雲のロマンに思いを馳せてほしい。

歴史的大発見の展示物も随所に。
古代を中心とする出雲や島根県の歴史と文化を
わかりやすく楽しく紹介する博物館。

島根県立 古代出雲歴史博物館

出雲大社御本殿の復元模型

テーマ別展示室

想像かき立てられる御本殿

巨大柱が発見された後、それをもとに5人の研究者が再現した50分の1の模型。左の最も低いものでも高さ約27m、右の最も高いものは高さ約48mある。

御本殿の千木《ちぎ》と勝男木《かつおぎ》

テーマ別展示室

目の前にして改めてわかる巨大さ！

昭和28年の出雲大社の御遷宮の際、御本殿からおろされた千木と勝男木。千木は長さ8.3mで重さ500kg、勝男木は長さ5.45mで重さ700kg。その大きさがうかがえる。

出雲大社に隣接する大型博物館。〝謎とロマンが渦巻く〟古代出雲を中心に、出雲や島根の歴史と文化をわかりやすく解説している。三部構成のテーマ別展示室、「出雲大社と神々の国のまつり」、「出雲国風土記の世界」、「青銅器と金色の大刀」、さらに島根の神話や伝承を紹介する「神話回廊」、古代から現代にいたる生活と交流の姿を紹介する「総合展示室」がある。博物館内にはカフェやミュージアムショップも併設されている。

卑弥呼《ひみこ》の鏡 テーマ別展示室

中国の神仙や霊獣が描かれる

邪馬台国の卑弥呼が魏から授かったと言われる銅鏡で、正式には「三角縁神獣鏡（さんかくぶちしんじゅうきょう）」という。雲南市神原（かんばら）神社古墳より出土した。

荒神谷遺跡青銅器《こうじんだにいせきせいどうき》 テーマ別展示室

古代史の常識をくつがえす発見！

358本の銅剣、16本の銅矛、6個の銅鐸が出土。1カ所から出土したものとしては日本最多、銅矛と銅鐸が一緒に発見されたのも初。出雲型銅剣と呼ばれる銅剣の多くには根元の部分に「×」印が刻まれていた。

加茂岩倉遺跡銅鐸《かもいわくらいせきどうたく》 テーマ別展示室

音を鳴らして神を招いた祭器

谷あいの斜面から39個の銅鐸が出土。大小2種類の大きさがあり、大きな銅鐸の中に小さな銅鐸が入る「入れ子」状態で埋められていた。カメやトンボなど、絵画の描かれたものもある。

写真提供／古代出雲歴史博物館

四隅突出型墳丘墓《よすみとっしゅつがたふんきゅうぼ》 総合展示室

各地の首長を埋葬した墳墓

大型の墳墓が造られるようになった弥生時代後期に、山陰地方で多く造られた墳丘墓。各地との交易をうかがわせるものも出土しており、古墳時代前の墓としてはもっとも大がかりなもの。

島根県立古代出雲歴史博物館

☎ 0853-53-8600
住 出雲市大社町杵築東99-4
交 一畑電車「出雲大社前」駅から徒歩7分、またはバス停「古代出雲歴史博物館前」から徒歩すぐ、バス停「正門前」からは徒歩2分 ¥ 620円（企画展は別途）
時 9～18時（11～2月は～17時）
休 第3火曜（変更の場合あり）

写真提供／古代出雲歴史博物館

神話シアター 神話回廊

楽しく学べる出雲神話

CGを交えた実写映像で、わかりやすく出雲神話を紹介。正面とサイドに映し出される迫力ある映像で「スサノヲ神話」「オオクニヌシ神話」など4作品が上映されている。30分入替制。

荒神谷遺跡《こうじんだに》（出雲市）

1984年に358本もの銅剣、翌年にはさらに16本の銅矛と6個の銅鐸が出土した

写真提供／古代出雲歴史博物館

幾度倒れても、古来の建築様式で
御造営が繰り返されるのは何故か？
その“こだわり”に遷宮の意味を知る。

遺構が語る 本殿御造営の精神

解説／岡　宏三（古代出雲歴史博物館専門学芸員）

青山学院大学大学院修士課程修了。
著書に『出雲大社の御師と神徳弘布』など。

出土品が証明した巨大神殿の実像

出雲大社の境内で発見されている最古の考古資料は縄文晩期の土器片で、日常生活に用いられたものでした。最古の祭祀遺物は約百メートル東方の命主社《いのちぬしのやしろ》境内出土の銅戈《どうか》・勾玉（重要文化財）で約二千年前、弥生時代中期のものです。銅戈は北九州系の形状で、勾玉は北陸・糸魚《いとい》川産の優品であることから、既にこの頃には日本海沿岸地域と幅広く交流があったことがわかります。

一方で、出雲大社境内から見つかった最古の祭祀遺構は、更に下って他地域と同様古墳時代前期の四世紀初頭。ただし建築遺構はみつかっておらず、この頃はまだ山や露頭する磐に神の降臨を仰ぎまつる、自然祭祀の形態だったと考えられています。

社殿創建の時期や規模は明らかではありませんが、『日本書紀』に「この歳、出雲國造《いづもこくそう》に命じて厳神の宮を修め造らしむ」とある斉明天皇五年（六五九）、七世紀中頃には既に存在したのだろうと考えられ、また、その規模も『古事記』に「底つ石根に宮柱太しり、高天原に氷木たかしりて」と記され、相当に大きなものだったと思われます。

『出雲国風土記』は大國主大神の名を「所造天下大穴持命《あめのしたつくらしおおなむちのみこと》」、つまり「天下（地上世界）」の国土づくりを成就した偉大なる神だとしています。その国土を捧げられた代償として、その功業にふさわしい規模の神殿が必要だったのでしょう。

伝承では、かつての本殿の高さは十六丈（約四十八メートル）、さらに昔は三十二丈（約九十六メートル）あったといいます。

雲太《うんた》、和二《わに》、京三《きょうさん》

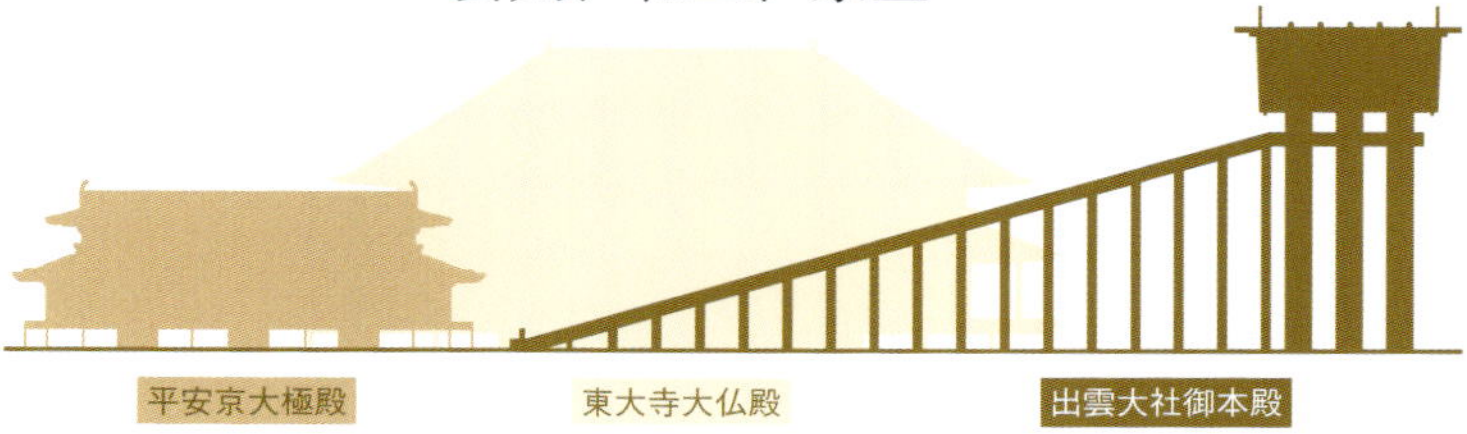

平安時代の貴族の子供たちの教科書「口遊（くちずさみ）」には大きな建物ベスト3として、雲太＝出雲大社御本殿、和二＝東大寺大仏殿、京三＝平安宮の大極殿（だいごくでん）と記されてあった

出雲大社・御本殿前の巨大神殿の柱跡。宇豆柱は古代出雲歴史博物館のロビーに展示されている

古代出雲歴史博物館に展示されている宇豆柱。高層だった御本殿を支えていたとされる

建築史の権威、故・福山敏男氏は、当時の大仏殿の高さが十五丈だったことから、十六丈の高さは実在してもおかしくないと考えました。

　また千家國造家に伝わる「金輪御造営差図《かなわのごぞうえいさしず》」に図示された、巨木三本を束ねて一本材とする建築工法も存在していたと主張していましたが、その後まさにそのとおりの巨大柱が出土して大きな反響を呼びました。

復活の本殿を継承する〝こだわり〟とは

　しかし、空前の大きさを誇る巨大神殿だったにも関わらず、平安末期から鎌倉中期にかけて五度にわたって倒壊しています。出雲大社の本殿は、わずか九本の柱を立て、これに梁や桁を渡して組み上げた、切妻《きりづま》、妻入《つまいり》の、原始的神社建築で、しかも四百年前までは掘立柱でした。

　このため柱は朽ちやすく、一本でも状態が悪くなると、たちまち全体の重荷バランスが崩れてしまったのです。七世紀には既に揺れや荷重に強い構造の礎石立ちの建築技法が大陸から伝来していたにもかかわらず、なぜ、古来のスタイルを頑として変えなかったのか、そこに出雲文化のアイデンティティーの一端を見出すことができるのではないでしょうか。

　中世の社会的混乱の中で本殿の規模は次第に縮小していき、十六世紀末には四丈五尺（約一三・五メートル）の高さになってしまいました。しかし本殿の建築様式を変えることはなく、徳川幕府による巨額の経済的支援をもとに行われた十七世紀半ばの寛文の大造営でも、複雑な組物を多用した仏教的色彩の濃い幕府案を拒否して、彩色を施

銅戈《どうか》

勾玉《まがたま》

命主社（いのちぬしのやしろ）背後、真名井（まない）遺跡の大石の下から出土。弥生時代においてもこの地は聖なる場所であったことが実証された。二点ともに出雲大社宝物殿にて展示している

写真提供／出雲大社

さないなど復古を意識した本殿とし、高さも八丈（二十四メートル）にまで回復しました。

往時の規模と比べれば小さいと思うかもしれませんが、室内の面積だけで六十畳分の広さがあり、現在の本殿の屋根を飾る千木一本の長さだけでも八・三メートル、重量は五百キロ、同じく勝男木《かつおぎ》一本で七百キロ。これらの総数の重量だけでも何と四・一トンもあるのです。

有形無形の遺産の伝承 その精神の象徴が遷宮

ここで視点を変えてみましょう。発掘でみつかった巨木は最大直径百三十五センチ。三本一組で一本材に用いられていましたから、あの巨大神殿は柱だけでも二十七本の巨木を調達していることになります。

柱の推定樹齢は百五十〜二百年。これだけの数のフシも曲がりもない天然木を一度に確保することは当時においても不可能でしたから、そのころ造営専用の山林があり、遠い将来を見すえた保全がなされていたことがわかります。

二十一世紀の現在、濫伐《らんばつ》と山林の荒廃により、本殿に用いることが出来る巨木は、実は世界中を探しても絶望的な状態にあります。さきに触れた寛文の大造営の時でさえ、いくら探しても本殿の柱材が見つからず、最終的には但馬《たじま》の妙見山（兵庫県養父市）にあった御神木のスギの巨木が特別に譲渡されて、かろうじて造営することができたのでした。

平成の大遷宮でも屋根葺き用の檜皮《ひわだ》の調達が困難を極めた経験から、出雲大社では広島県三《み》次《よし》市の山林にヒノキを植林することを決意されました。

植林後、檜皮が採取できるようになるまで八十年以上かかるといいます。

戦乱や災害を乗り越えて先人たちが守った有形無形の遺産を受け継ぎ、数十年数百年先の子孫たちへ責任を持って伝える精神、その象徴というべきものが遷宮だ、といえるのではないでしょうか？

荒神谷博物館とハス池

荒神谷遺跡の出土跡

古代出雲の謎に迫る、遺跡の出土跡を一望

荒神谷《こうじんだに》史跡公園

大量の銅剣と銅鐸《どうたく》、銅矛《どうほこ》が出土し、古代出雲の謎に迫る大発見として、一躍注目を浴びた荒神谷遺跡。その出土跡を整備し、平成七年にオープンしたのが荒神谷史跡公園。隣接する博物館とともに、荒神谷遺跡を中心とする「出雲の原郷」の歴史景観を守り伝える複合施設となっている。

広さ約二十七・五ヘクタールの公園中央には西谷池があり、その北側に遺跡や博物館、南側には復元された古代の竪穴《たてあな》式住居などがある。夏期には五千平方メートルの水田に約五千株の古代ハス「大賀ハス」が花を咲かせ、神秘的な光景を見せる。

古代の小径と呼ばれる水田の脇道を行くと、弥生時代の出雲を彷彿とさせる風景が広がる。その先にある遺跡では出土した時の状況がレプリカで再現され、小高い展望台から遺跡全体を俯《ふ》瞰《かん》することができる。希望があれば、ボランティアガイドによる遺跡案内も実施されている。

遺跡に隣接する荒神谷博物館は平成十七年の開館。遺跡の出土状況を映像で紹介するほか、荒神谷の弥生時代の暮らしをジオラマを使って解説している。

☎ 0853-72-9044（荒神谷博物館）
住 出雲市斐川町神庭873番地8
交 JR荘原駅から車で5分
¥ 無料 時 9〜17時休無休
【博物館】
¥ 無料（展示室205円、特別展別途）
時 9〜17時（入館は〜16時30分）
休 無休（展示室のみ火曜休、祝日の場合は翌日）

博物館では荒神谷青銅器の謎をパネル解説している

「たたら」は純度の高い鉄を得るための日本独特の製法だ

出雲の鉄文化と神話の関係

たたらと八俣大蛇《やまたのおろち》伝説

アニメ映画「もののけ姫」には鉄をつくる印象的なシーンが登場するが、それがたたらだ。たたらは日本古来の製鉄法で奥出雲はその中心地として栄えた。

『古事記』にもその歴史を彷彿とさせる記述がある。大物主大《おおものぬしのおお》神《かみ》と勢夜陀多良比売《せやたたらひめ》が結ばれ、後に神武天皇の皇后となる富登《ほと》多多良伊須須岐比売命《たたらいすすきひめのみこと》（またの名を比売多多良伊須気余理比売《ひめたたらいすけよりひめ》）が生まれたというのだ。

この記述は『古事記』や『日本書紀』の時代には、すでにたたら吹きが行われていたこと、また神武天皇の皇后はたたらが盛んだった奥出雲地方とのつながりが深かったことを物語っている。

たたらでは砂鉄を含む岩石を水路に流して砂鉄を採り出す方法をとっていたが（鉄穴《かんな》流しという）、廃砂が流れる斐伊川は真っ赤に染まったという。その光景は須佐之男命の八俣の大蛇退治の神話を連想させる。

大蛇から流れる血の色、尾の中から出現する三種の神器のひとつ草那芸之太刀《くさなぎのたち》（日本書紀に記す天叢雲剣《あめのむらくものつるぎ》「草薙の剣」）。そのイメージは心の深いところでたたらの風景と自然に結びつく。夕日に赤く染まる斐伊川を眺めるとき、心は神話の時代に誘われることだろう。

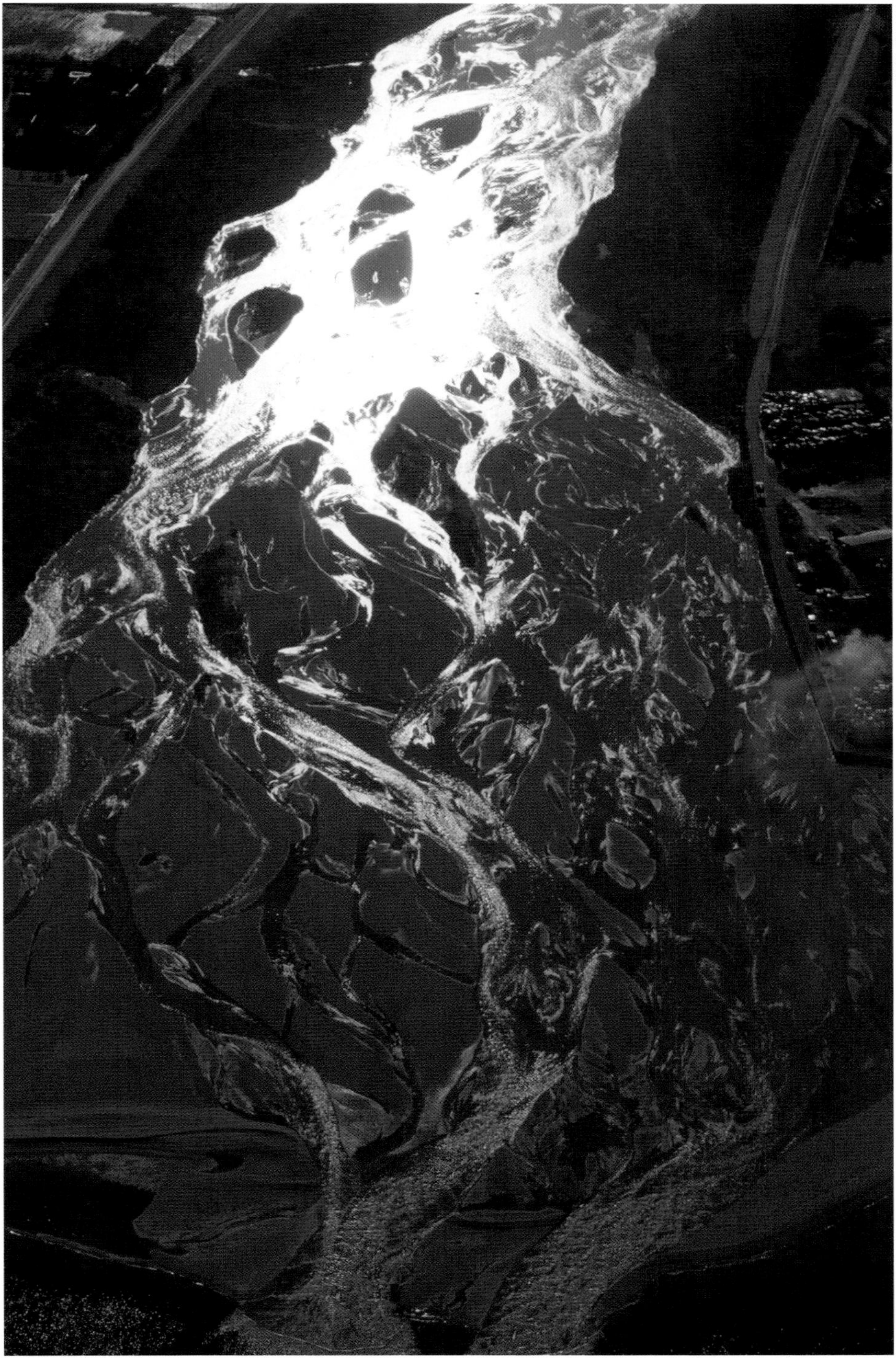

写真提供／板垣宏

大蛇のごとき斐伊川の流れ

応用力自在の力を持つ神

大國主大神

兄弟神にいじめられて、
大國主大神は「魂の大人」に成り得た。
国譲り神話から学ぶ、精神の成長とは？

文／辰宮太一

大國主大神《おおくにぬしのおおかみ》が多くの名を持つ理由

大國主大神は、日本の神話の中でも特異な神様である。まず、御神名がひとつではなく、多くの別名を持つ神だということ。

普通に知られているだけで、大國主神・大己貴《おおなむち》・葦原色許男神《あしはらしこおのかみ》（葦原醜男）・八千矛神《やちほこのかみ》・大國玉《おおくにたまの》（魂）神《かみ》・顕國玉神《うつしくにたまのかみ》・大物主神《おおものぬしのかみ》と、七つもの別名を持つのだが、さらに、所造天下大神《あめのしたつくらししおおかみ》や、國造神《くにつくらししかみ》、杵築神《きづきのかみ》、國占神《くにしめたまいしかみ》、大地主神《おおとこぬしのかみ》など、さまざまな別名で崇拝されていた。

神様の「お名前」というのは、その神のご性格やお役目を表すことが多い。多くの名を持つということは、それだけ多岐にわたる役目をお持ちということ。つまり、仏教で言えば千手観音《せんじゅかんのん》のように、応用自在な力をお持ちなのだ。

最初、大國主大神が神話に登場する時の名は、大己貴（大穴持）であった。オオナムチとは、大きな名を持つとも、大きな穴を持つ

大國主大神が国譲りをした舞台、稲佐の浜。神在月には八百万の神々がここに上陸する

とも解釈できる。私は穴を支持したい。

穴とは欠落であり、いわば「無」だ。魂に無を持つ神という解釈である。

若き大己貴には兄弟神の八十《やそ》神《がみ》がいた。八十とは実際の数字ではなく、多くのという意味だろう。八上比売《やかみひめ》との結婚を巡り、大己貴と八十神は激しい対立関係にあった。

ある時、赤い猪と偽られた焼け石によって大やけどを負い、大己貴は命を失う。その後、母神に助けられ生き返るが、再び八十神たちに殺されてしまう。その後また生き返り、兄弟の迫害から逃れるため、根の国へ行く。根の国とはいわば死者の国とも言える場所だから、ここでもまた死んでいると言っていい。そこで先祖の素戔嗚尊《すさのおのみこと》から、葦原色許男神という二番目の名を与えられるのだ。

その後、根の国でも、さまざまな試練に遭うが、後に妻となる須《す》世理毘売《せりびめ》の協力を得てすべての試練をクリアし、ついに第三の名である大國主大神という名前と権力をプレゼントされる。こうして八十神を降伏させ、名実ともに国王として国を治め、君臨したのである。

しかし、立派な大國主という名を得るまで、よくもまあこれだけいじめ抜かれたものだと言いたくなるほどの経歴をもつ神様である。

トゲをなくし才能を開花した大國主

才能や魅力とは偏りである。偏りがあればこそ、独特の視野を持つことができ、独特の解釈をすることができる。それがいい方に出れば、世に輝く才能やあふれ

因幡の国から出雲へ。大國主大神を想いながら、八上比売は出雲の入り海(宍道湖)を船で渡った

んばかりの魅力となるのだ。

しかし、独特な感覚が災いすることも多い。若いころにいじめに遭う人などは、ほぼ全員が才能を持つ人といっていい。

非力でありながら才能の片鱗《へんりん》を見せ、姫神に好かれていた大己貴が、八十神の嫉妬を買い、いじめられたのは当然なのだ。それが、祖先である素戔嗚尊からビシビシ鍛えられ、実力をつけ、さらには権力も手にして戻ったのだから、才能と魅力たっぷりのモテ神になったのもまた当然なのである。

この間の物語は同時に、性格のトゲをなくしていくというご利益につながっている。八十神の嫉妬や意地悪は、自分の中のトゲと同じだ。出雲に参ると、自分の中にある八十神的な部分がスッキリとなくなり、人にやさしくなれるのである。

人にやさしくなれるということは、相手を認められるということ。自分が認めると、不思議と他人からも認められるようになるものだ。

ここで注目すべきは、大國主が死からよみがえるということ。復活と神性をつなげる思想は、キリストをはじめ世界各国に見られるが、大國主大神はよみがえったからこそ、本物の神になったと言える。

つまり、この世とあの世、どちらの世界も行き来できる力を得たのだ。根の国、すなわち霊の世界で先祖の素戔嗚尊に鍛えられることで、霊的な力を、現実の世で使いこなすための才覚とアイテムを授けられたのである。

これは、出雲の御神徳の源でもあるはずだ。目に見えない世界である、あの世とはいわば精神であり、この世は現実ととることが

黄泉（よみ）の国と現世の境界と伝えられる黄泉比良坂（よもつひらさか）

できる。真剣に参拝し祈願するなら、精神面も現実面も開運させてくださるのだ。

国譲りに学ぶべき精神の成長

その後「国譲りの段」に入ると、支配していた国を、天照大御神をはじめとする天の神々に譲り渡すというドラマが待っている。

ここで注目すべきは、平和に国譲りを成したことだろう。大國主大神の御子神で力自慢の建御《たけみ》名方神《なかたのかみ》と、天照大御神の使者である武甕槌神《たけみかづちのかみ》との戦いなど、小さな戦争状態はあったのだろうが、全面戦争にまでは発展させずスムースに事が進んだのだ。

大國主大神が、なにより和と相手の立場を重んじた神であることが描かれた、この国譲りの神話から学ぶべきことは多い。リーダーというのは、奉仕と犠牲の精神をどこかに持っていなければならない。集団を進ませるだけがリーダーの役目ではないし、部下に犠牲を強いるようなら失格だ。

究極の時に臨んで争いを回避し権力も財も譲ることのできた大國主大神は、魂の大人なのだ。

評価も金も物も「もっとくれ」と欲しがり、争い、背伸びをし、自分を主張したがるのは、子供のすること。試練を乗り越え大人になった時、大自然や神といった大きな働きによって「生かされている」ことを知る。人生というのはそんなものだろう。

出雲に行くなら、そんなことを意識しながら、参拝していただきたいと思う。きっと、出雲の神はあなたに「円満力」を授けて下さる。

第三章

出雲の神々をめぐる

美保神社
加賀の潜戸
佐太神社
八重垣神社
熊野大社
須我神社
天空の岬
マリンパーク多古鼻
六ツ島
松島
舟島
築島
小波
ミゲ鼻
野波
島根町歴史民俗資料館
潜戸鼻
馬島
桂島
加賀
詰坂山 295
高渋山 452
黒島
津ノ和鼻
大黒島
蜂巣島
巻ヶ鼻
大崎鼻
中島
青島
メテオプラザ
隠岐汽船(来居・別府・菱浦・西郷へ)
八島
九島
青木島
高場島
馬上り鼻
出雲赤壁
黒島
早見ヶ鼻
隠岐汽船(別府・西郷へ)
美保関灯台
地蔵崎
五本松公園
稲荷山 254
高尾山 328
七類湾
千酌湾
観音崎
菅浦湾
片江湾
玉結湾
美保関
海崎
美保関港
隠岐汽船(境港〜西郷)
水木しげる記念館
水木しげるロード
境港
境港市
境港
馬場崎町
上道
余子
高松町
江島大橋
夢みなと公園
美保湾
中浜
米子空港
米子市
沖島
小島
御的山 332
御手洗滝
太平山 503
三坂山 536
澄水山 507
枕木山 453
忠山 291
華蔵寺
本庄
弁慶島
何連崎
大根島
由志園
松江市
真山 256
松江イングリッシュガーデン前
柿原池
嵩山 331
島根大
松江城
松江しんじ湖温泉
松江しんじ湖
嫁ヶ島
松江
島根県立美術館
だんだん道路
和久羅山 244
大海崎鼻
大海崎
続島
米子鬼太郎空港
大篠津町
和田浜
弓ヶ浜(夜見ヶ浜)
JR境線
弓ヶ浜
河崎口
粟嶋神社
三本松口
後藤
東山公園
米子
中海
松江港
崎田鼻
松江市
宍道湖
玉造温泉
乃木
松江バイパス
松江JCT
東松江
揖屋
安国寺
出雲国庁跡
神魂神社
松江玉造IC
東出雲IC
黄泉比良坂石碑
荒島
赤江大橋
和鋼博物館
安来
清水鼻
高尾鼻
八尋鼻
米子城跡
あらエッサ
宍道湖SA
玉造温泉
史跡公園
島根県立八雲立つ風土記の丘展示学習館
出雲かんべの里
安来IC
清水寺
山陰道(安来道路)
米子西IC
伯耆大山へ
安来市
雲樹寺
安部榮四郎記念館
手すき和紙伝習所
星上山 458
京羅木山 473
空山 411
八雲
八雲山 424
さぎの湯
足立美術館
独松山 321
富田八幡宮
広瀬・富田城
広瀬
母里の古い街並
天狗山 610
山狭神社
365
大辻山
羽根ヶ谷山 361
比婆山久米神社
城山公園
南部町
海潮
鉄歌謡館
島根県
山佐ダム
磨石山 453
安来市立加納美術館
緑水湖
賀祥ダム
祐生出会いの館
日向山 526
布部ダム
白椿湖
観音滝
鎌倉山 731
下久野
三郡山 806
鍋坂山 750
鷹入山 706
金屋子神社
金屋子神話民俗館
比田温泉
聖滝
奥出雲多根自然博物館
出雲八代
砂の器記念碑
酒蔵奥出雲交流館
猿隠山 817
印賀宝篋印塔
大宮ダム
菅沢神社
城山 578
総光寺
亀嵩温泉
玉峰山 820
解脱寺
ゆきんこ村
鳥取県
出雲三成
亀嵩
562 権現山
日南湖
菅沢ダム
日野町
日南町
三成ダム
岩屋寺
日刀保たたら
斐乃上
JR伯備線
伯耆溝口へ
鬼の舌震
絲原記念館
出雲横田
奥出雲たたらと刀剣館
稲田神社
にちなん日野川の郷
生山
権現滝
鳥上滝
船通山 1142
石霞渓
奥出雲町
庄原へ
備後落合へ
備後落合へ
備中神代へ

D E F

1 2 3 4

松江・出雲

N
5km
日本海
島根半島
十六島鼻
経島
十六島湾
鶴島
海中公園
日御碕灯台
おわし浜
日御碕
日御碕神社
高尾山 358
341
太々山
高尾ゆうゆうライン
艫島
追石鼻
出雲大社
天台ヶ峰 490
496
弥山
島根県立古代出雲歴史博物館
大社漁港
稲佐の浜
手銭記念館
出雲大社前
大社ご縁広場
島根ワイナリー
浜遊自然館
神戸川
浜山公園北口
遥堪
高浜
出雲ドーム
出雲文化伝承館
県立浜山公園
一畑電車大社線
鰐淵寺
鼻高山 536
412
旅伏山
旅伏
西代橋
美談
大寺
川跡
武志
直江
万九千神社
荘原
湯の川
湯の川温泉
宍道
八雲本陣
古墳の森
宍道IC
南宍道
宍道JCT
大山 283
加茂岩倉PA（建設中）
JR木次線
荒神谷史跡公園
斐川IC
366
仏経山
加茂岩倉遺跡
光明寺
神原神社古墳
加茂中
幡屋
出雲大東
斐伊川
赤川
松江自動車道
JR山陰本線
出雲市
島根大
卸売市場
西谷墳墓群史跡公園・出雲弥生の森
出雲弥生の森博物館
長浜神社
くにびき
佐志武神社
神西湖
湖陵
出雲神西
西出雲
出雲IC
出雲市
朝山八幡宮
高瀬山 304
仏経山 366
峯寺弥山 299
峯寺
さくらの里きすき
三刀屋木次IC
南大東
木次
江南
久村
砂原
キララ多伎
田儀
多伎いちじく
華蔵
小田
小田川
田儀
霊光寺
大袋山 360
立久恵峡
才谷トンネル
禅定寺
永井隆記念館
熊谷大橋
食の杜
日登
大田市へ
大田へ
出雲歌舞伎「むらくも座」
王院山 554
みとや深谷
黒山 525
八雲風穴
大日山 565
円通寺
中国やまなみ街道（松江道）
高瀬山 446
雲見滝
雲南市
三子山 489
須佐神社
出雲須佐
陣ヶ丸 538
多根神社
天ヶ淵公園
槻之尾神楽
尾原ダム
出雲湯村
おろちの里
清嵐荘
石照庭
王子神社
要害山 300
高林寺
宮本川
伊佐川
神戸川
波多川
三刀屋川
飯石川
深野川
松笠川
掛合の里
吉田掛合IC
神野神楽
阿井川
大田市
鳥屋ヶ丸 686
竜頭が滝
鳥帽子山 625
菅谷たたら
山内生活伝承館
名主山 563
かけや酒蔵資料館
三瓶小豆原埋没林公園
高津屋川
栃山 664
雲南吉田IC
鉄の歴史博物館
志津見ダム
676
男高山
たたらば壱番地
鉄の未来科学館
満寿山 659
大成山 585
三次へ
八重滝
三次東ICへ
国道54号へ
庄原IC
長尾鼻
地蔵鼻
若松鼻
鳥帽子岩
女島
鼻操島
男島
一畑薬師（一畑寺）
松江フォーゲルパーク
松江フォーゲルパーク
一畑電車北松江線
327 大船山
檜木山 415
高野寺
一畑口
伊野灘
津ノ森
高ノ宮
秋鹿なぎさ公園
平田船川
園
湖遊館新
島根県立宍道湖自然館ゴビウス
湖遊館
布崎駅
宍道湖
出雲市立平田本陣記念館
雲州平田
康国寺（庭園）
モニュメントミュージアム来待ストーン
出雲縁結び空港
斐伊川放水路
A
B
C

熊《くま》野《の》大社

出雲大社に聖なる火をもたらす格式高い大社

御祭神
伊邪那伎日真名子
加夫呂伎熊野大神　櫛御気野命
（いざなぎのひまなご　かぶろぎくまののおおかみ　くしみけぬのみこと）

随神門をくぐり、拝殿に向かうと、なんとも言えぬやさしい気に包まれる。

そのたたずまいからも格の高さが感じられるのが、ここ熊野大社だ。事実、出雲で「大社」と呼ばれるのは、出雲大社とここだけ。熊野の「クマ」は神代《くましろ》の「クマ」で神と同義語なのだ。

御祭神は、伊邪那伎日真名子加夫呂伎熊野大神　櫛御気野命で、この御名は素戔鳴尊《すさのおのみこと》の別名。櫛御気野命の「クシ」は「神奇」に通じ「霊妙な」という意味。「ミケ」は御饌で、食物を指す。つまり「霊妙なる食物神」ということになる。

熊野大社のお祭りでもっとも特徴的なのは、毎年十月十五日に斎行される鑽火祭《さんかさい》だろう。祭の当日、出雲大社から宮司が参じ、十一月二十三日の古伝新嘗《こでんしんじょう》

写真提供／熊野大社

八雲橋《やくもばし》

山間に鎮座する熊野大社。本殿へは意宇（いう）川にかかる朱塗りの八雲橋を渡り向かう。春には川沿いに咲く桜が美しい

火の発祥の神社として「日本火之出初之社（ひのもとひのでぞめのやしろ）」とも称される、出雲国の一の宮

写真提供／熊野大社

亀太夫神事《かめだゆうしんじ》

出雲大社からの神餅に、熊野大社の社人・亀太夫が出来栄えについて苦情を申し立てる。このあと出雲國造が神前に進み出て、神歌と琴板の楽に合わせ神舞（百番の舞）を納める

鑽火祭の舞台となる鑽火殿。出雲國造就任の「火継（ひつぎ）式」にも使われる

熊野大社で用意される燧臼と燧杵。燧杵の材料のウツギは真っ直ぐに矯正される

写真提供／板垣宏

磐座《いわくら》

熊野大社の元宮と伝えられている天狗山の磐座。毎年５月の第４日曜日、険しい山道を登り、ここで元宮祭が行われる

祭《さい》（五十頁参照）に使用する燧《ひきり》臼《うす》、燧杵《ひきりぎね》を受け取るための神事を奉じる。この臼と杵で、清浄なる火をおこし、出雲大社のお祭りに使うのである。

　その鑽火祭の中でも亀太夫神《かめだゆうしん》事《じ》と呼ばれる儀は特に他に類を見ないほど変わった神事だ。

　まず、出雲大社側が新米で作った約一メートルほどの一重の神餅を持参して納めようとする。そこに亀太夫という熊野大社の社人が現れ、餅の出来について、「色が黒くて粒々が入っていてヒビ割れがしているので、つき直してください」という決まり文句に端を発し、やかましく苦情・要求を申し立てる。

　出雲大社側は、この亀太夫の厳しい言葉を、ただただ黙って拝聴する。亀太夫は言うべき苦言を言い終えると、その後ようやく納得し、熊野大社の神職が神餅を受け取り、昇階し宮司に

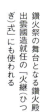

本殿

本殿向かって右に素戔嗚尊の后神・奇稲田姫命（くしなだひめのみこと）を祀る稲田神社、左に母神・伊邪那美命（いざなみのみこと）を祀る伊邪那美神社

入り口の鳥居で会釈をして境内に向かう。熊野大社での参拝は二拝二拍手一拝で

手渡す。そして宮司により神前にお供えし、燧臼、燧杵を出雲側に引き渡すという。その後、出雲國造が神前で「百番の舞」を奉納し祭りは終わる。

毎年、出雲大社の神職は、この亀太夫の小言には苦しむそうで、この事から出雲では口うるさい人のことを「亀太夫」と呼ぶそうだ。天穂日命を祖とする出雲國造が、奉斎する熊野の穀神。出雲大社との深い関わりをうかがい知ることのできる、とても興味深い祭りだ。

熊野大社

MAP **P88 D-3**

☎ 0852-54-0087
住 松江市八雲町熊野2451
交 JR松江駅より一畑バス八雲行きで終点まで約20分。八雲町内バス熊野行きに乗り換え約10分、熊野大社前下車すぐ。車利用の場合は、山陰自動車道東出雲ICより八雲町方面へ約８㎞。出雲空港からはタクシーで約40分

八重垣《やえがき》神社

稲田姫命《いなたひめのみこと》が身を隠した地に鎮座する縁結びの大祖神

御祭神

素盞嗚尊（すさのおのみこと）
稲田姫命（いなたひめのみこと）
大己貴命（おおなむちのみこと）
青幡佐久佐日古命（あおはたさくさひこのみこと）

出雲の古い民謡に「早く出雲の八重垣様に、縁の結びが願いたい」という節がある。これを見てもわかるように、八重垣神社は昔から縁結びの大神として広く名を知られていたようだ。

古くはこの地に青幡佐久佐日《あおはたさくさひ》古命《このみこと》が祀られる佐久佐社という神社があったが、時代により呼称の変遷があり、現在は相殿神として八重垣神社に祀られているのだという。

八重垣神社の社殿が縁結びとされる理由は社殿の背後にある。本殿後方の奥の院には、木々がうっそうと茂る佐久佐女《さくさめ》の森がある。この森は、素盞嗚尊が大蛇の生贄にされそうになった稲田姫命を隠した場所として伝えられ、そこには姫が姿見にしたという「鏡の池」がひっそりと水をたたえている。

現在は、和紙に硬貨をのせて沈む方向や速さで、縁の遅速な

御本殿は大社造りで江戸中期の御造営

どを占う場所として若い女性達で賑わっているが、この池の中からは古墳時代後期の須恵器の甕や高杯などが発見されており、古くからここで祭祀が行われていたことが裏付けられている。このような歴史と、「古事記」の稲田姫命が身を隠したという伝説が結びついてか、毎年五月三日には身隠し神事が行われて

しっかり願事を伝えたいならば、
ご祈祷を申し込むのがおすすめ

夫婦椿《めおとつばき》

境内には３ヵ所存在する夫婦椿。
まれに見られる二葉の葉は御神
徳の表れといわれている

いる。
　そして、もうひとつの理由が境内にある「夫婦椿」だ。稲田姫命が地面に立てた二本の椿の枝が芽吹き、一本の木になったという言い伝えがあるもので、一心同体、愛の象徴として神聖視されているのだ。
　拝殿でのご祈願の後には宝物殿にもぜひ足を運んでみたい。ここでは、約千百年以上も前に描かれたという神社の障壁画としては日本最古といわれる「板絵著色神像」を保存公開している。素盞嗚尊や稲田姫命、天照大神、市杵嶋姫命《いちきしまひめのみこと》など、平安時代の宮廷絵師の手によって描かれたという六神像の壁画で、元は本殿の板壁画だったものだ。保存のため、昭和四十一年に宝物殿に移された。美人の誉れ高い稲田姫命の壁画からは、時空を超えた美しさを感じ取ることができるだろう。

板絵著色神像《いたえちゃくしょくしんぞう》

素盞嗚尊（左）と稲田姫命（右）が描かれた社殿の板絵著色神像。平安時代前期の絵師・巨勢金岡（こせのかなおか）の筆によるものという

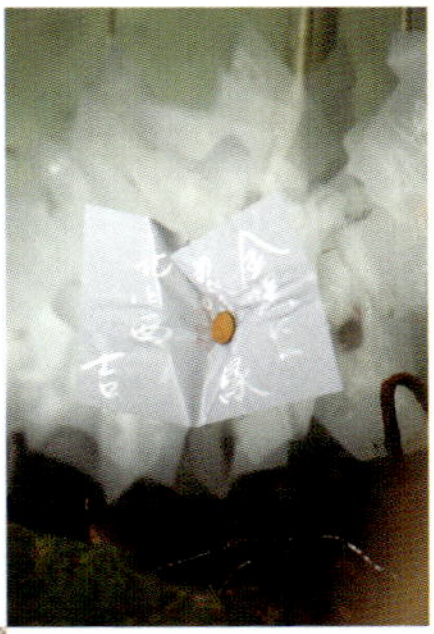

鏡の池

占い用紙を池に浮かべ硬貨をのせ、早く沈めば良縁に恵まれ、近くに沈めば身近な人と縁があるといわれている

八重垣《やえがき》神社

MAP P88 D-2

☎ 0852-21-1148 住 松江市佐草町227
交 JR松江駅より八重垣神社方面行きバスで約25分、下車すぐ。車利用の場合は、山陰道松江中央ランプを出て5分。宝物殿200円

須《す》我《が》神社

素盞嗚尊が「八雲立つ」の歌を詠んだ日本初之宮

御祭神

素盞嗚尊（すさのおのみこと）
奇稲田姫命（くしいなたひめのみこと）
清之湯山主三名狭漏彦八島野命（すがのゆやまぬしみなさろひこやしまのみこと）

八俣大蛇を退治し、妻の稲田姫命とともにこの地にたどり着いた素盞嗚尊が、「わが御心すがすがし」といい、日本で初めての宮造りをしたことから須我（須賀）といわれるようになったという。また、その時、美しい雲が立ち昇るのをご覧になり「八雲立つ　出雲八重垣～」と歌を詠まれたことから、須我神社は「和歌発祥之宮」とも位置付けられている。

里山のなか、ひっそりと鎮まる須我神社には、二柱の間にお生まれになった御子も祀られている。

神社から北東の方向へ約二キロ先、八雲山～御室山《みむろやま》の中腹まで足を伸ばすと、古代の須我神社の社地といわれている奥の宮、大中小の磐座《いわくら》に対面できる。

八雲山頂上まで辿り着ければ、眼下には宍道湖、中海、弓ヶ浜、遥かに大山を望むことができる。

出雲国風土記が成立した733年には存在が確認されていた古社

夫婦岩《めおといわ》

和歌発祥の地として訪れる人も多い。鎮座地背後の八雲山には「夫婦岩」と呼ばれる三つの巨大な磐座が祀られており、奥宮とされている

出雲神楽も盛んに奉納される古社

MAP P88 D-3

☎ 0854-43-2906
住 雲南市大東町須賀260
交 JR松江駅より大東行き、もしくはJR大東駅より松江行きの一畑バス須賀で下車、徒歩３分

佐《さ》太《だ》神社

国引き神話に登場する「狭田の国」ゆかりの由緒ある古社

加賀《かか》の潜戸《くけど》

主祭神・佐太大神がお生まれになったという場所。4月〜10月は遊覧船で観光もできる

写真提供／板垣宏

⛩

御祭神

◆正殿
佐太大神（さだのおおかみ）
伊弉諾尊（いざなぎのみこと）
伊弉冉尊（いざなみのみこと）
速玉之男命（はやたまのおのみこと）
事解男命（ことさかおのみこと）

◆北殿
天照大神（あまてらすおおかみ）
瓊々杵尊（ににぎのみこと）

◆南殿
素盞嗚尊（すさのをのみこと）
秘説四柱の神

佐太大神をはじめ、十二柱の神を祀る出雲國三大社のうちのひとつ。社殿は、大社造りのお社が三殿並ぶ珍しい形式で国の重文。ひときわ高い中央の正中殿に主祭神である佐太大神が祀られている。この佐太大神は〝導きの神〟として名高い猿田毘古大神と同一とされ、篤く信仰されている。

　佐太神社で最も重要な神事とされているのが、毎年九月に斎行される御座替祭《ござがえさい》。摂社・末社含めすべての御神座の茣蓙《ござ》を敷き替える神事で、このとき「佐陀神能」という神楽が行われる。二日間に渡る神事で繰り広げられる神楽は三部構成。能の所作が取り入れられており、芸術性も高く、各地の里神楽にも影響を与えた。

　昭和五十一年五月に国の重要無形民俗文化財、平成二十三年十一月二十八日には、ユネスコ無形文化遺産にも登録された。

写真提供／古川誠

佐陀神能は面をつけない直面(ひためん)の執物舞(とりものまい)による「七座」と、祝言としての「式三番」、着面(ちゃくめん)の神話劇の「神能」の3部からなる

国の重要文化財に指定されている御本殿(正中殿、北殿、南殿)には、十二柱の御祭神が祀られている

藻汐祓《もしおばらい》

四十九日の喪が明けた人々は佐太浦で身を清め海草の神葉（じんば）を神前に捧げるという風習がある

MAP P88 D-1

☎ 0852-82-0668
住 松江市鹿島町佐陀宮内73
交 JR松江駅より一畑バス恵曇行き約25分佐太神社前下車すぐ。車利用の場合は、JR松江駅よりタクシーで約20分

日《ひ》御《の》碕《みさき》神社

日の沈む西に位置し
「日沈宮《ひしずみのみや》」と「神の宮」
二社で夜を守る

⛩

御祭神

◆日沈宮
天照大御神
（あまてらすおおみかみ）

◆神の宮
神素盞嗚尊
（かむすさのおのみこと）

出雲から日御碕灯台へと繋がるドライブウェイから、ちょうど神社が見えるのだが、入り江にすっぽりと建物が収まっているように見える。

神社の前まで入ると、美しい朱の楼門がそびえる。楼門をくぐると正面に拝殿。ところが、右の高台にも御殿がある。

正面の御殿は下の宮、別名「日沈宮」と呼ばれ、祭神は天照大御神。高台の御殿は上の宮で別名は「神の宮」、祭神は素戔嗚尊《すさのおのみこと》である。

伊勢の外宮と内宮、諏訪の上社と下社のように、別々の神を祀る二社を合わせて日御碕神社なのである。

出雲大社と明らかに違うのは、やはり朱の色だろう。赤は太陽神の光と熱を表す色である。

日沈宮の名は、日本海に沈みゆく黄金色の光をその名にいただいたと見ることもできる。じ

朱色があざやかな楼門。神代から日没を見守り続けるお社にふさわしい

っさい、海を照らし沈みゆく光の道に感動するはずだ。

社伝によれば、東に位置する伊勢の神宮は日本の昼を守り、西に位置する日御碕神社は夜を

徳川家光の命で七年の歳月をかけ造営された社殿は、桃山時代の面影の残す精巧な権現造り。十四棟の社殿すべてが国の重要文化財

日沈宮の彫刻の一部は、太陽（天照大御神）、星（神素戔嗚尊）、月（月夜見命）を表す

神の宮（上の宮）

神素戔嗚尊は、熊成の峯から柏の葉を投げ、止まったところに鎮まられたと伝えられる

御神砂《おすな》

お清めとして使う「お砂」。ふだんは御守所の表には出ておらず、口頭で求めたいことを伝える

日沈宮《ひしずみのみや》（下の宮）

約一千年前、村上天皇の勅命により旧社地・経島より現社地に遷座された

日御碕神社《ひのみさき》

MAP P89 A-2

☎ 0853-54-5261
住 出雲市大社町日御碕455
交 JR出雲市駅から約45分、出雲大社から約20分。日御碕下車すぐ。車利用の場合は、山陰道出雲ICから約18km

守ると伝えられている。

だが、素戔嗚尊が天照大御神より高い位置に祀られるという配置を見ると、沈の文字を用いた別の意味が見えてくるはず。

当時の出雲の国と、朝廷との関係を物語るとは思えないだろうか。天照大御神を主とする神々の系譜は、朝廷サイドに立ったものであって、この国では違うのだと。

出雲の地を巡る時には、そんなことを思うのもまた楽しい。

漁師町を少しだけ歩くと、小さな港に出る。そこから見えるのが、旧社地である経島《ふみしま》。

鳥居の立つ経島はウミネコの一大繁殖地として国の天然記念物になっているが、もともとこの島に日沈宮があったのだ。

毎年八月七日、夕日が海と交わる結びの刻に行われる神幸神事では、神職が経島に渡り祭祀を行う。

まるで神々が降り立つかのような神秘的な夕日が経島に沈む

須《す》佐《さ》神社

『出雲風土記』にも記された 須佐之男命が鎮まる ご神気満ちるお社

⛩

御祭神
須佐之男命（すさのおのみこと）
稲田比売命（いなだひめのみこと）
足摩槌命（あしなづちのみこと）
手摩槌命（てなづちのみこと）

現在の本殿は戦国武将の尼子晴久の時代に建て替えられたもの

塩井《しおのい》

須佐七不思議のひとつ。潮の干満により井戸水も上下するという

MAP P89 B-4

☎ 0853-84-0605 住 出雲市佐田町須佐730
交 JR出雲市駅前から一畑バス約40分。出雲須佐で下車してタクシーで5分。タクシー利用の場合はJR出雲市駅前から約30分。車利用の場合は、出雲市から約30分。尾道松江高速道の三刀屋木次ICから国道54号で南雲市掛合町経由30分

諸国を開拓した須佐之男命が、最後にたどり着いたのがここ須《す》佐郷《さのさと》（現佐田町）。出雲市の南、神戸川中流域に位置するこの地は、古くから砂鉄が採取され、製鉄の中心地だったという。須佐之男命にとっても魅力的な場所だったようで、「此処は小さい国だがいいところである。自分の名は木や石につけないで、この土地につけよう」と、ご自身の御魂を鎮められたと伝わる。

須佐之男命の御魂を祀るご本殿は二間四方の典型的な大社造り。玉砂利を踏み歩き御本殿に一歩近づくごとに、強いご神気と威厳が迫ってくるかのようだ。

本殿裏手には幹周り六メートル、樹高二十四メートル、樹齢約千三百年という杉の巨木が、神社を守るかのようにそびえ立つ。また、境内には須佐之男命が自ら潮を汲み、この地を清めたという「塩井」もある。

本殿の裏にある大杉さん。地上にせり出した根は八俣大蛇を連想させる

美《み》保《ほ》神社

青柴垣神事《あおふしがきしんじ》に
国譲り神話を伝える
事代主神の社

御祭神
三穂津姫命（みほつひめのみこと）
事代主神（ことしろぬしのかみ）

翼を広げているかのように見える御本殿は「美保造」「比翼大社造」と呼ばれている

島根半島の東端の美保関。今では静かな漁師町といった印象だが、古代よりここは、漁業や交易が行われた重要な場所だった。天然の入り江を生かした港は扇型に広がり、その要に美保

モミの大木をくりぬいた船で速さを競い激しく水を掛け合う「諸手船神事」

神社は鎮座している。

御本殿は大社造りの社殿を二つ並べて装束の間でつないだ独特の建築様式で、「美保造」または「比翼《ひよく》大社造」と呼ばれる。御祭神は事代主神と三穂津姫命の二柱。港を背にして右の御神座に三穂津姫命が、左の御神座に事代主神が祀られている。

三穂津姫命は大國主大神の御后神で、高天原から稲穂を持ち降りた農業と子孫繁栄の守り神とされている。

事代主神は大國主大神の第一の御子神で、国譲り神話のなかでは、大國主大神から「国を譲るべきか、否か」と問われ、承諾を決断する神として登場する。

毎年四月七日の青柴垣《あおふしがき》神事は、美保の埼で釣りをしていた事代主神が、国譲りを認めたのち、船を踏み傾け、海中の青柴垣に身を隠したというシーンを再現している。また、厳冬の十二月

12月2日、諸手船神事の宵祭。夕刻、社殿にて、神に御供(ごくう)76台など合計100台以上のお供えを献上する

三日、二隻の諸手船《もろたぶね》に乗り分れて美保関港内を漕ぎ渡る「諸手船神事」は、大國主大神が国譲りの可否を問うために、二隻の熊野諸手船に使者を乗せて、事代主神に遣わした場面だという。いずれも、国譲り神話祭りで、これらの神事は、地元の人々による伝統ある祭祀組織「當屋《とうや》」によって守られ、引き継がれている。

ところで、事代主神は恵比寿とされ、大國主大神の大黒と対をなす。そのため、「大社だけでは片参り」として、広く信仰されたという。それもまた、日本海の要港として繁栄していた美保関港に出入りする船乗りたちによって伝えられたものなのだろう。

美保神社は、全国各地にあるゑびす社三三八五社の総本社として、水産・海運に携わる人々から今も広く親しまれている。

『出雲国風土記』(733)にも社名が記される古社である

厳寒の海にこぎだす場面を描いた「諸手船神事絵巻」
美保神社所蔵　写真提供／島根県立古代出雲歴史博物館

写真提供／美保神社

美《み》保《ほ》神社

MAP P88 F-1

☎ 0852-73-0506
住 松江市美保関町美保関608
交 JR松江駅から一畑バス美保関ターミナル行きで約40分、美保関ターミナルから美保関町民バスに乗り換え約30分、美保神社入口下車後、徒歩2分。車利用の場合は米子自動車道米子ICから車で40分

写真提供／板垣宏

青柴垣神事《あおふしがきしんじ》

青柴垣神事の主役。當屋たちは祭りの一年前から物忌潔斎(ものいみけっさい)し、祭りに臨むという

出雲の古代神話を訪ねて

古代神話ゆかりの地、出雲。イザナギ・イザナミの夫婦神や
大國主大神にまつわる聖地を訪ねて、神話の世界に思いを馳せてみよう。

☎ 0852-27-5843(松江観光協会)
住 松江市東出雲町揖屋
交 JR揖屋駅から徒歩約20分

イザナギ、イザナミゆかりの場所

黄泉比良坂《よもつひらざか》

『古事記』に伝わる「あの世」と「この世」の境。国生みの夫婦神である夫の伊邪那岐命は、火の神を生んで亡くなった妻の伊邪那美命に会うために黄泉の国へ行くが、見ないという約束を破って変わり果てた妻の姿を見てしまい、恐ろしくなって逃げかえる。追ってきた黄泉の国の醜女(しこめ)と軍勢に桃の実を投げて退散させ、大岩で塞いで愛する妻と永遠の別れを言い交したのが黄泉平良坂とされる。地元で追谷坂と呼ばれるこの道の峠には、塞の神が祀ってある。

写真提供/板垣宏

出雲神在月はじまりの地

琴引山《ことびきやま》

飯南町東側に位置し標高1014m。縁結びの神として名高い大國主神の権力の象徴とされる「琴」が納められている山として知られる。旧暦の10月、全国の神々は出雲大社に参集されることから、出雲地方ではこの月を神在月というが、神々はまず、この琴引山に降り立つとされている。山頂付近の琴弾山神社には大國主大神とイザナミ神が祀られている。

☎ 0854-76-9050(飯南町観光協会) 住 飯石郡飯南町 交 中国やまなみ街道吉田掛合ICから登山口(琴引スキー場)まで車で20分。登山口から山頂まで徒歩約90分　※ガイド有

☎ 0853-72-5270(出雲観光協会斐川支所)
住 出雲市斐川町学頭
交 JR荘原駅より徒歩約15分

八上姫ゆかりの美人の湯

湯の川温泉

出雲からやってきた大國主命と恋に落ちた因幡の国の八上姫(やかみひめ)は、大國主命にスセリヒメというお妃があることを知らず、命を慕い出雲へ旅に出る。長旅の疲れを癒したとされるのが湯の川温泉。おかげで八上姫はいっそう美しくなられたと伝えられる。因幡の国に帰る時に再び温泉に立ち寄り詠んだ歌が「火の山の　ふもとの湯こそ　恋しけれ　身をこがしても妻とならめや」。八上姫を祀る古社、八上姫神社が旅館「湯元湯の川」の敷地内にある。

出雲の神話と神様

◎出雲の神物語を読み解く

◎神々の系図

出雲の神物語を読み解く

日本最古の古典『古事記』。
出雲はその舞台として登場する。
『古事記』は読んだことがない、という人でも
「八俣大蛇退治」「稲羽の素兎」
「国譲り」といったお話は、
一度は聞いたことがあるだろう。
だが、その物語に託された意味は
どのようなものだったのか？

文・辰宮太一

八俣大蛇《やまたのおろち》神話

高天原を追放された須佐之男《すさのおの》命《みこと》は、美しい娘を間にして泣いている老夫婦に出会った。夫婦は大山津見神《おおやまつみのかみ》の子、足名椎《あしなづち》神と手名椎《てなづち》神、娘は櫛名田比売《くしなだひめ》といった。

夫婦は言う。多くの娘がいたのだが、怪物が来て食べてしまった。このままでは末娘の櫛名田比売も食べられてしまうと。

怪物は八俣大蛇といい、八頭八尾で目はほおずきのように赤く、腹には血がにじみ、背中には苔や木が生え、八つの峰と八つの谷にまたがるほど巨大だという。

須佐之男命は、櫛名田比売を妻とすることを条件に、怪物退治をすることにした。

まず、櫛名田比売を櫛に変え自分の髪に挿した。そして、足名

椎神と手名椎神に、垣を作って八つの門を作り、八塩折之酒という強い酒を置くようにいった。
　するとオロチがやって来て、酒樽を見つけすぐに飲み出した。須佐之男命は、泥酔したオロチを切りすてたのだった。
　その尾を切る際に剣の刃が欠けたので、裂いてみると剣が出てきた。天照大御神にこの剣を献上した。その剣は天叢雲剣《あめのむらくものつるぎ》といい、後に三種の神器となる草薙剣《くさなぎのつるぎ》である。
　オロチ退治を為し遂げた須佐之男命は、妻となった櫛名田比売と出雲の須賀の地へ行き、共に暮らすことにした。そこで「八雲立つ　出雲八重垣　妻籠みに　八重垣作る　その八重垣を」と詠んだのであった。

　出雲の親神とも言える、須佐之男命が、地上で成した初めての大神業《しんぎょう》の物語である。高天原では悪役であった須佐之男命が、ヒーローに転じる段と言っていいだろう。

　須佐之男命は、高天原で罪を犯し、地上に追放になったのだが、このオロチ退治により、神剣を授かる。剣とは権であり、いわば復権したということだろう。なにしろ、のちに草薙剣となる神剣なのだから、その功ははかりしれない。

　それにしても「八」という数字が至るところに見える。八とは天の四方と地の四方を合わせたもので、意訳すれば全方向であり、多数という意味にもなる。

　ヤマタノオロチにも八が見える。このような、多頭の大蛇または龍による災いと、それを滅ぼし、むしろ力を得るというスタイルの神話は、世界各地にある。最も有名なのは、ギリシャ神話のヘラクレスのヒドラ退治だろう。日本の、箱根芦ノ湖の九頭龍伝説なども同じタイプと言える。

さて、この八俣を山地の谷筋とみて、洪水の災害を象徴しているという説が多い。洪水で稲田を失うことを、須佐之男命が阻止し、治水を行ったとする説である。

もうひとつ、少しリアリスティックに捉えると、八俣大蛇とは、踏鞴《たたら》製鉄の複数の部族ともとれる。

八俣大蛇の目がほおずきのように赤いのは踏鞴の火炎、腹からいつも血がにじんでいるというのは鉄さびで川が赤くなっているという描写ととれるはずだ。

製鉄に必要な木材の伐採によって丸裸になった山から、頻繁に赤く濁った洪水が起き、稲田を飲み込んだ。そこで、部族を酒席に招いた上で討伐したというのである。

垣を作って八つの門を作るという描写が出てくるが、陰陽五行説からなる戦略術に「八門遁甲《はちもんとんこう》」という理論がある。かの諸葛孔明が多用したと言われるが、迷路のような場を作り敵をかく乱し、戦意を失わせることも可能な術だ。もし部族を討伐したとするなら、それを連想させる。

尾から出た神剣とは、その部族の持っていた剣であり、権威や権利のことども言える。刃が欠けたのは、部族の持っていた鉄製の剣が、それまでの青銅製の剣より強かったという暗示かも知れない。

踏鞴製鉄の権利を得、それを高天原に献上したとすれば、追放された須佐之男命の復権もうなずける。

ちなみに、八雲立つと詠まれた詩を意訳すれば、「多くの雲がわきたつ山並みのあるところに、妻と隠れ暮らそう。そして家のまわりの全方向を、さらに

垣根のようにシールドしてしまおう」となるだろうか。

　高天原からヤマタノオロチ退治まで、動乱に明け暮れた須佐之男命が、もう静かに暮らしたい、隠棲したいという詩のように見える。もしや、八門遁甲で、誰もたどり着けない隠遁の場にしたのかも知れない。

素兎《しろうさぎ》神話

大國主神の別名、大穴牟遅神《おおなむちのかみ》の兄弟神、八十神《やそがみ》たちは、因幡の八上比売《やかみひめ》との結婚を望み、旅をしていた。大穴牟遅は八十神たちの荷を背負わされ、最後尾を歩いていた。

**　気多の岬で、毛皮を剥かれた兎が苦しんでいた。八十神たちは、「海につかり、風にあたり、山で寝ていろ」と教えた。**

**　しかし兎はその通りにしたために、状態が悪化してしまう。そこに荷物を持った大穴牟遅が通りかかった。**

**　大穴牟遅は、「今すぐ川の真水で洗い、ガマの穂を敷いて寝ていなさい」と教えた。兎がその通りにすると、元通りになったのだった。**

**　「あの神々は八上比売とは結婚できないでしょう。あなたこそ、八上比売を妻にすることができるでしょう」と兎は言った。**


「しろうさぎ」は白い兎ではなく、素人のしろ、素兎と書くのが妥当だ。素は何もないという意味でもあり、毛皮を剥かれ、素っ裸になった兎を表現しているからだ。

　ガマの穂をまぶし、それで傷が治ったとされる。漢方ではガマの花粉を蒲黄といい、止血薬として用いる。皮を剥かれた兎に蒲黄を用いたのは、医療として適切だろう。が、私は異説を唱えたい。ガマの穂を身体中にまぶすことで、兎は毛皮が再生したと思ったのではないか。そして、安心し、納得して帰幽したのではないかと。

つまりこの物語は、霊的救済という側面を持つのだ。死に際し、安心させてやるという救済。その救済があったからこそ、後に大國主神が、幽界の主宰神になれたのではないかと思うのだ。

兎が言う通り、八上比売は、八十神の求婚を断り、大穴牟遅神との結婚を望んだ。

怒った八十神たちは大穴牟遅を殺そうとする。

まず、山中で猪狩りをすると言い、赤い猪を捕まえろと命じ、火で真っ赤に焼いた大石を転がし、大穴牟遅にぶつけた。それで大やけどを負い、大穴牟遅は死んでしまったのだった。

大穴牟遅の死を知った母神は、

神産巣日神《かみむすひのかみ》に訴えた。すると、蚶貝比売《きさがいひめ》と蛤貝比売《うむぎひめ》の姫神がつかわされ、治療をする。蚶貝比売が貝の粉を集め、それを蛤貝比売が蛤の汁でといて体に塗ると、火傷がなおり立派な男となって遊べるようになった。またも、大穴牟遅は生き返ったのであった。

ガマの穂、蒲黄に続き、火傷に対して貝の粉と汁を用いた治療法が出てくる。漢方では蛤の貝殻を生薬として用いるが、火傷の治療には用いない。ただし、火の災いを海の神が水のエナジーによって鎮めるというのは、理に適っている。

さて、ちなみに原文では、蚶貝比売岐佐宜集而。蛤貝比賣持水而。塗母乳汁者。成麗壮夫而出遊行。とある。

訳せば、蚶貝比売は岐佐宜（貝殻の粉）を集め、蛤貝比売は水を持ち、母乳汁（これは母乳ではなく貝の汁と訳すべき）を塗る。すると麗しき壮夫に成りて出で遊びき。という感じだろうか。これはつまり、少年から成人男子になったということだろう。二柱の女神によって生き返った大穴牟遅はさらに、大人の門を開いたのである。貝は女陰を表すと言ってもいい。貝の描写は神話には、様々に隠された形でセックスが表現されているが、この物語もまたそうなのかも知れない。

根の国神話

大穴牟遅神がよみがえったことを知った八十神たちは、さらに大穴牟遅をだまし、大木に楔を打ち、木の割れ目に誘い込むと、楔を外して挟み殺してしまった。

母神は、木を折って助け出し、

また生き返らせた。そして、紀伊国にいます大屋毘古神《おおやびこのかみ》のもとへ逃がした。大屋毘古神は、「須佐之男命のいる根の堅州国にいけ。きっと何とかしてくださる」と言い、木の股からこっそり逃がしたのだった。

大穴牟遅神は須佐之男命のもとへと向かう。はじめに須佐之男命の娘、須勢理毘売《すせりびめ》と出会い、すぐに通じ合い、結婚することになった。

須勢理毘売は帰って父に、「素敵な神が来ました」と言うと、須佐之男命は「こやつは葦原色《あしはらのし》許《こ》男《お》というのだ」と言い、すぐに迎え入れ、蛇の室に入れた。

葦原色許男は幾度かの試練を課せられるが、そのつど妻となった須勢理毘売命の助けで、すべてを乗り越えたのだった。

最後に、寝入った須佐之男命の髪を、大木に結び付け、巨大な岩で部屋の戸を塞ぎ、須勢理毘売を背負いつつ、逃げようとした。

　そしていよいよ神の権威の象徴である生大刀《いくたち》・生弓矢《いくゆみや》・天詔《あめののり》琴《ごと》を持って出ようとしたとき、天詔琴が樹に触れてしまい、大地を揺るがす大音響が響いた。

　寝ていた須佐之男命は目を覚まし、部屋を壊してしまうが、大木に結ばれた髪をほどく間に、追いつけない距離に逃げられてしまった。

　そこで遥か彼方を眺めて、大穴牟遅に言った。「その生大刀・生弓矢を使って、お前の兄弟が追ってきたら、打ち払い、そしてこれより大國主神となり、また宇都志國玉神《うつしくにたまのかみ》となって、我が娘の須勢理毘売を正妻として、宇迦能（うかの、出雲郡宇迦郷）山の麓に、立派な宮殿を造りそこを治めるのだ」。

　地上に帰還した大國主神は、ついに八十神たちを追い払い伏せさせ、そして初めて国を作ったのだった。

　幾多の試練からよみがえった立派な神が、国の長として活躍するまでの神話である。

　今までは、才能を妬む兄弟神、つまり上下ではなく同列の場からの試練であった。それは、魂としての成長の物語であるとは言え、権威を授かるためのものではなかったのである。

　しかしここでは、上からの試練が描かれている。つまり、正式に権威を得るための「試験」に臨んだということであろう。

　同列との切磋琢磨《せっさたくま》により、痛みを知り虚しさを知り、なおかつ何度もよみがえることで立派な男となった。つまり、人々を導くに充分に鍛え上げられた人材が、いよいよ、権威者の娘を妻に迎え、長としての資格を得るのである。

国譲り神話

高天原の天照大神の使者、建《たけ》御雷神《みかづちのかみ》は、出雲の稲佐の浜に降り、逆さに立てた剣のきっさきにあぐらをかいて、大國主神と国譲りについて交渉した。

大國主神は息子たちに相談し、まず事代主神《ことしろぬしのかみ》に判断をまかせた。事代主神は国譲りを勧めた後、水に入り再び姿をあらわさなかった。続いて建御名方神《たけみなかたのかみ》は、国譲りに反対したが、建御雷神との力競べに負け諏訪まで逃げてしまった。

再び国譲りについて問われると、大國主神は引退後の住まいとして立派な神殿を建てることを条件に承諾したのであった。その神殿が出雲大社の始まりといわれている。

国譲りより以前には、国を治めていくための様々なエピソードが描かれている。また、国譲りのクライマックスまでの間に、まだ多くの物語と布石があるのだが、ここでは割愛する。ただ、国譲りの発端となるエピソードだけ加えておきたい。

かいつまんで言えば、天から神々が地上をご覧になった時、混乱し、非常に騒がしい状態であったというのだ。つまり、地上の政治が乱れ、秩序が崩壊していたということだろう。

大國主神はそれまで、国王として権勢をふるい、また、国民《くにたみ》を治めてきた。しかしここでは、求心力の低下した政権与党の党首の役として登場する。

事代主神は文官または財界や文化教育界の、建御名方神は武官または軍隊の象徴である。文化的にも軍事的にもはるかに優

位に立つ外国の勢力（国連のような）が、乱れた秩序の国に介入し、立て直したというようにも見えなくもない。

　神話を読む限り、無血の国譲りのようである。明治維新を予言したかのようでもあり、もしかすると今後も世界にこのようなタイプの出来事は起きるのかも知れない。

　この神話は、それまでの勇壮なる大國主神の活躍ではなく、国の衰退を立て直す物語なのである。

　そしてもうひとつ、重要な要素が描かれている。国譲りによって、出雲大社の原型ができたこと、大國主神が現実の政治を引退し、見えない世界を司ることになったということである。

　私はここに、八雲立つ出雲に八重垣を作り隠棲した、須佐之男命とのつながりが見えるような気がするのだ。

須佐之男命から大國主神への 神々の系図

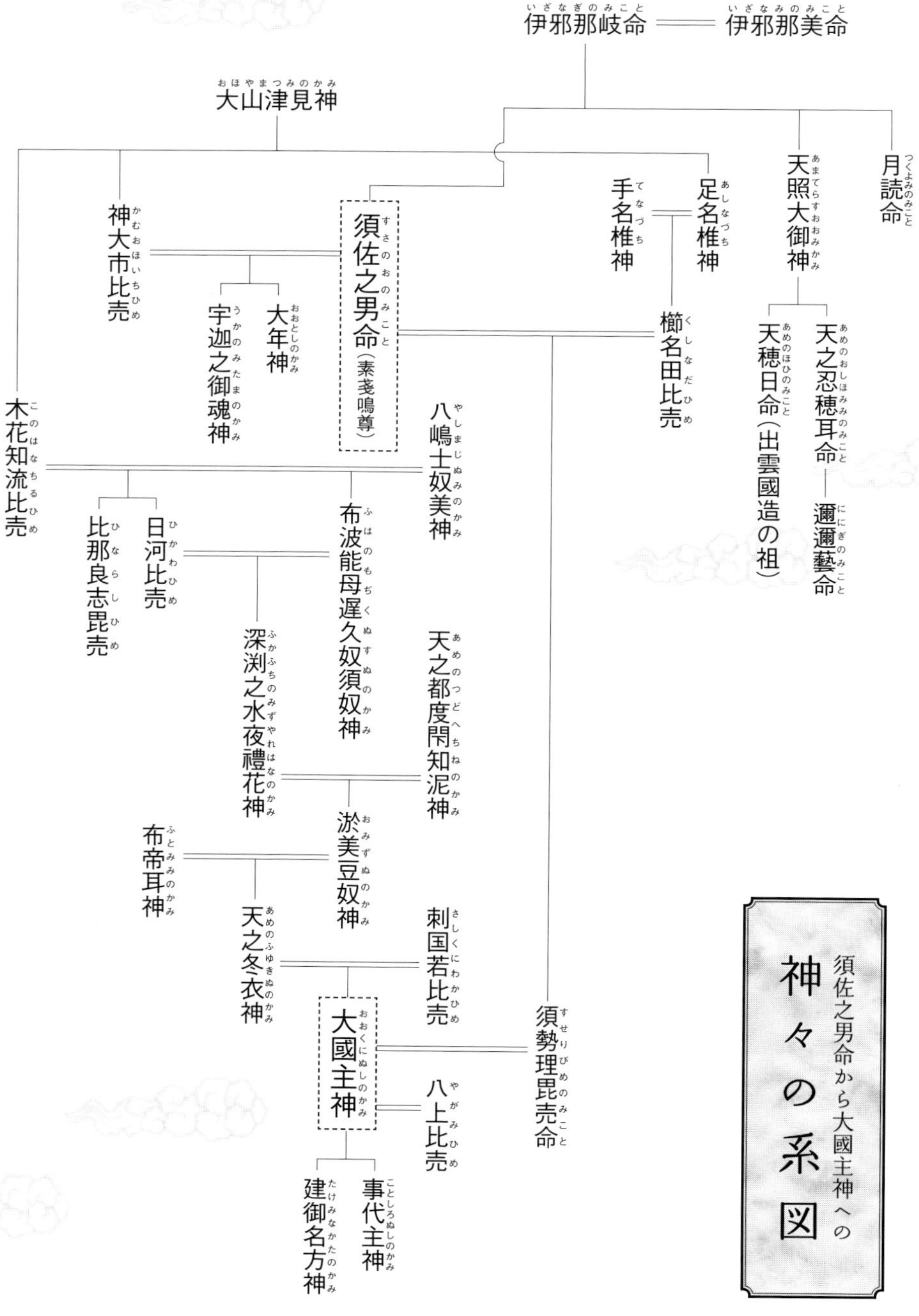

天照大御神《あまてらすおおみかみ》

伊邪那岐命が禊をして左目を洗った時に誕生した神様で、天上の高天原を主宰する太陽の女神。右目から生まれた月読命や鼻から生まれた須佐之男命とともに「三貴子(みはしらのうずのみこ)」と呼ばれている。皇室の祖神(親神)。

須佐之男命《すさのおのみこと》

「三貴子」の神で、荒ぶる神。『日本書紀』では素戔男尊、素戔嗚尊等、『古事記』では建速須佐之男命(たけはやすさのおのみこと、たてはやすさのおのみこと)、須佐乃袁尊、『出雲国風土記』では神須佐能袁命(かむすさのおのみこと)、須佐能乎命などと表記される。『古事記』によると海原を治めるようにいわれるが、母を慕って泣き叫んで暮らし、高天原では乱暴狼藉を働き、姉の天照大御神を悲しませ、天の岩屋戸に籠らせてしまう。高天原から追放され出雲に来ると、変貌し、八俣の大蛇から櫛名田比売を助け結婚する。日本で最初に歌を詠んだ神とされる。

大國主大神《おおくにぬしのおおかみ》

須佐之男命と櫛名田比売の子とも、その六世の子ともいわれる。葦原色許男神、八千矛神など多くの名を持つ。地上では八十神と呼ばれる兄弟神からの迫害を受け、逃れた根の国では須佐之男命から試練を与えられる。後に妻となる須勢理毘売と協力し、試練を切り抜け、八十神も倒して出雲を平定し、国造りを進めるも、天照大御神の孫の邇邇藝命に国譲りをして、大空にそびえる宮殿に住まわれ国土の守護神となる。

邇邇藝命《ににぎのみこと》

天照大御神の孫で、その命により高天原から地上の葦原の中つ国に降りたとされる(天孫降臨)、大國主大神に代わって、国を統治した農業の神様。

天穂日命《あめのほひのみこと》

国譲りのあと、天照大御神は大國主大神のために広大な宮殿を造営、御子神の天穂日命にその祭祀を任せる。これが出雲大社の起源である。そして、天穂日命の子孫は出雲國造となって祭祀を奉仕することになった。

少名毘古那神《すくなびこなのかみ》

神産日神(かみむすびのかみ)の御子。大國主神の国土造成に際し、波の彼方より天乃羅摩船に乗って来訪し、大國主神の命によって国造りに協力した知恵の神。医薬・温泉・禁厭(まじない)・穀物霊・知識・酒造・石の神など多様なご神徳を持っている。指の間から漏れ落ちるほどの小さな神だったことから、一寸法師の原型ともされている。

大物主神《おおものぬしのかみ》

『古事記』によれば、大國主神とともに国造りを行っていた少名毘古那神が常世の国へ去り、大國主神がこれからどうやってこの国を造っていいか、悩んでいた時に、海の向こうから光輝いてやってきた神様。大和国の三輪山に自分を祭るよう希望したという。大國主神が「どなたですか?」と聞くと「我は汝の幸魂(さきみたま)奇魂(くしみたま)なり」と答えたという。『日本書紀』の一書では大國主神の別名としており、大神神社の由緒では、大國主神が自らの和魂を大物主神として祀ったとある。

事代主神《ことしろぬしのかみ》

大國主神の御子神。国譲り神話では、高天原から使者として派遣された建御雷之男神(たけみかづちのおのかみ)に国譲りを迫られた大國主大神が、承諾するかどうかの決定をゆだねた息子。美保にいて釣りをしていた事代主神は「承知した」と答え、船を踏み傾け、手を逆さに打って青柴垣に変えて、その中に隠れてしまったという。名前の「コトシロ」は「言知る」の意で、託宣を司る神様。また、釣りをしていた事から、海と関わりの深い「ゑびす」と同一視され、海の神としても信仰されている。

建御名方神《たけみなかたのかみ》

大國主神の御子神といわれる。国譲り神話では、事代主神が承諾したのに対し、建御名方神は、最後まで反対し、高天原から使者として遣わされた建御雷神に力くらべを申し出る。しかし、その戦いに敗れ、諏訪に退き国譲りを承諾したという。この建御雷神と建御名方神の力くらべは古代における神事相撲からイメージされたものだと考えられている。

境内外の摂社・末社も訪れてみよう

摂社とは本社に縁の深い神様を祀った神社、
末社は摂社に次ぐ格式の神社で、
いずれも大國主大神と由縁深い神々が祀られています。

写真提供／出雲大社

❷

命主社《いのちぬしのやしろ》

（摂社）

正式には神魂伊能知奴志神社《かみむすびいのちぬしのかみのやしろ》という。御祭神の神産巣日神《かみむすびのかみ》は天地開闢《かいびゃく》（世界のはじまり）造化三神の一柱。大國主大神が兄の八十神による焼石の難にあわれた時、蚶貝比売命《きさがいひめのみこと》、蛤貝比売命《うむがいひめのみこと》の二神をお降ろしになり、その難を救われるなど、大國主大神の生死の境にあるときに、何度も助けられ、国造りの大事業を護られたという神様。いわば大國主大神の命の恩人だ。巨岩の前に建てられていることから、古代の磐座が神社に発展したことを物語る貴重な神社だ。寛文御造営（一六六七）の際にはその境内裏の大石を石材として切り出したところ、下から銅戈・勾玉が発見され、話題となった。

住 出雲市大社町杵築東一八二

❶

祓社《はらえのやしろ》

（末社）

出雲大社参道大鳥居先の東側にあるお社で、御祭神は祓戸《はらえど》四柱神《よはしらのかみ》。四柱はあらゆる罪、穢れを祓い去ってくれる神様。大社を参拝する時はまずここで、身心を祓い清めよう。

住 大社町杵築東一九五

❸

出雲井《いづもい》神社

（摂社）

御祭神の岐神《くなどのかみ》は、勇猛で地理に明るかったため、大國主大神の国譲りの時に、大神の命により天照大御神の使者の案内役として諸国を巡り、国内の平定に力を尽くされた道路守護の神様。

住 大社町修理免

❹

阿須伎《あずき》神社

（摂社）

御祭神の阿遅須伎高日子根命《あじすきたかひこねのみこと》は大國主大神の長男神で国土創生、農耕の神様。かつては三十九社の阿受伎社があったと『出雲国風土記』に記されているが、合祠され今は一つになっている。

住 大社町遥堪一四七三

❺

乙見社《おとみのやしろ》

（摂社）

正式には大穴持御子玉江神社《おおなもちのみこのたまえのかみのやしろ》という。御祭神の下照比売命《したてるひめのみこと》は大國主大神と多紀理比売命《たぎりひめのみこと》の御子神で、女神ながら大國主大神の国土経営に力を尽くした。国や家庭、国土安泰を司る神。

住 大社町修理免字向地九二〇

❻ 三歳社《みとせのやしろ》（摂社）

正式には大穴持御子神社《おおなもちのみこのかみのやしろ》という。御祭神の事大主神《ことしろぬしのかみ》と高比売命《たかひめのみこと》は大國主大神の御子神。御年神《みとしのかみ》は素戔嗚尊の御孫神。毎年正月三日の福迎祭では、参拝者は福柴をいただき、開運を祈る。

住 大社町杵築東

❼ 伊那西波岐神社《いなせはぎ》（摂社）

出雲大社から山を越え、日本海側にお社がある。御祭神は稲背脛命《いなせはぎのみこと》。天穂日命の子で、大國主大神が国譲りの話し合いの際に、美保関の事代主神のもとに使者として奔走した神様。

住 大社町鷺浦一〇八

❽ 因佐神社《いなさ》（摂社）

御祭神の建御雷神《たけみかづちのかみ》は天照大御神の使者として地上に降りられ、稲佐の浜で国譲りの話し合いをされた神様。受験、進学、勝負の神様として知られ、地元では「速玉さん」と呼ばれている。

住 大社町杵築三〇〇八

❾ 上宮《かみのみや》（摂社）

御祭神は素戔嗚尊と八百万神。毎年旧暦十月、全国の神々が集まる神在祭では、七日間このお社に神々が集まり、生きとしいけるものの「縁」を結ぶ神議《かむはかり》（会議）をされる。

住 大社町杵築北

❿ 下宮《しものみや》（末社）

稲佐の浜の近く、上宮の奥。大きな岩に囲まれるようささやかなお社が鎮まっている。御祭神は天照大御神で、皇室の御先祖神。伊勢神宮内宮と同じ神様が祀られている。

住 大社町杵築北

⓫ 大歳社《おおとしのやしろ》（末社）

本社の約九百メートル西、稲佐の浜に向かう道の傍らに小ぢんまりと鎮座する。御祭神の大歳神《おおとしのかみ》は素戔嗚尊の御子神。田圃や畑の守護神で、五穀豊穣をお護りになる神様。

住 大社町杵築北

⓬ 湊社《みなとのやしろ》（摂社）

御祭神は櫛八玉神《くしやたまのかみ》。大國主大神が国譲りの後、出雲大社に鎮まられた際に膳夫となり大神に饗応したという食物の神様。国造の火継式には、この神様をお祀りし祭事が行われる。

住 大社町中荒木

中野晴生

写真家。三重県伊勢市出身、伊勢在住。長年にわたり四季折々の伊勢神宮の姿をカメラに収め、書籍、雑誌等に多くの作品を提供。伊勢神宮「第62回式年遷宮」、出雲大社「平成の大遷宮」、日本全国「一の宮」の記録を撮影。著書に「伊勢神宮ひとり歩き」(ポプラ社)、「湖沼の伝説」(新潮社)、「元気をもらう神社旅行」(小社刊)など。中野晴生公式サイト　http://www.harubow.com/

辰宮太一

東洋哲理研究家。陰陽説・五行説など、東洋哲理の集大成ともいわれる「万象学(ばんしょうがく)」宗家。神道、仏教、道教などの信仰にも通じる。著書に「日本の大聖地」(小社刊)、「元気をもらう神社旅行」(小社刊)、「伊勢神宮こころを照らす神々の都」(書肆侃侃房)、「高野山」(東京地図出版)など。万象学研究所では開運コンサルティングも行う。万象学研究所の公式サイト　http://www.shin-ra.com/

参考文献

「出雲大社」千家尊統／学生社
「出雲の夜明け」板垣宏／(有)ワン・ライン
出雲大社サイト　http://www.izumooyashiro.or.jp/

◎本書の情報は2018年４月現在のものです。
◎本書の神名などの表記は原則として、各神社の表記に準じました。それ以外の表記は『古事記』の表記に準じ、『日本書紀』の内容に関する部分は『日本書紀』の表記に準じました。
◎各種データを含めた記載内容の正確さは万全を期しておりますが、お出かけの際は、電話などで事前に確認されることをお勧めします。本書に掲載された内容による損害などは、弊社では補償いたしかねますので、あらかじめご了承ください。
◎本書の編集にあたり、関係各位に多大なご協力を賜りました。厚く御礼申し上げます。

写真／中野晴生
監修／辰宮太一

編集協力／出雲大社

装丁・本文デザイン／滝口博子
編集／管野康子／中村葉子
イラスト／宇和島太郎
写真・執筆協力／島根県立古代出雲歴史博物館、
出雲商工会、板垣宏、古川誠　スタジオ彫(神永裕)
大林組、ジェノイド・プロドデザイン(張仁誠)

プリンティングディレクター／大塚武信(凸版印刷)
地図・図版製作／
ジェイ・マップ、ロードランナー(川隅理一郎)

楽学ブックス

神社２
出雲大社

編集人／岡　陽子
発行人／今井敏行
発行所／JTBパブリッシング
印　刷／凸版印刷

【図書のご注文は】
JTBパブリッシング　出版販売部直販課
☎ 03-6888-7893

【本書の内容についてのお問い合わせは】
JTBパブリッシング
時刻情報・MD事業部　☎ 03-6888-7846
〒162-8446　東京都新宿区払方町25-5
https://jtbpublishing.co.jp/

Printed in Japan　373761
ISBN978-4-533-12684-0　C2026
乱丁・落丁はお取替えいたします。

おでかけ情報満載
https://rurubu.jp/andmore

楽学
373761

の始まり／

真実を目

準備はで

映画を楽しむため

初収録！

製作総指揮 大川

語り下ろし

7/4大講演会

「宇宙時代の

ザムザ役声優 千眼美

地球